# TU ES GÉNIAL

Hélène Faubert

**Tu es génial**

Hélène Faubert

ISBN : 9798352740989

*À Tiago, mon neveu, que je remercie de tout mon cœur pour sa confiance.*

# SOMMAIRE

# PRÉFACE

Les cours t'ennuient ? Ton entourage te prend la tête ? Tes parents te font sans arrêt des reproches, surtout quand tu es sur ton smartphone, tes jeux vidéo ou sur ton canapé ? Ils insistent pour tu te mettes au travail ou que tu te bouges ? Mais toi, tu n'as pas envie de grand-chose ? À part qu'on te laisse tranquille ?

L'histoire de Tiago, mon neveu, va alors sans doute te parler.

Quand il était petit, Tiago était plutôt hyperactif, toujours en train de bouger, courir et même faire plein de bêtises de son âge. Il y a quelques mois, je suis allée chez ma sœur et j'ai retrouvé Tiago complètement affalé dans le canapé, pianotant et scrollant à toute vitesse sur son smartphone. À peine a-t-il levé la tête pour me saluer. J'imagine qu'il était en train de discuter en ligne avec des amis, car un petit rictus apparaissait de temps à autre sur son visage.

Sa maman m'a installé non loin de lui, dans le salon. J'ai commencé à discuter avec elle, en observant de temps à autre Tiago du coin de l'œil. Je me suis sentie terriblement gênée de la situation. Tiago était là, sans être là. J'ai eu l'impression de le mettre à l'écart, comme un vulgaire animal de compagnie dont on ne prendrait pas soin. J'ai alors tenté d'amorcer la discussion en m'intéressant à lui : « Ça va, Tiago ? », « Tu es content de ton nouveau collège ? ». Grand mal m'en a pris. Non seulement Tiago a expédié poliment les réponses pour me faire plaisir mais mon intervention a rapidement attiré les foudres de sa maman, alors qu'elle avait jusqu'à présent un peu oublié sa présence, toute distraite qu'elle était par notre conversation. Prenant conscience de sa nonchalance et de sa désinvolture, elle s'est mise en colère :

« Non, mais, Tiago, on te parle ! Tu peux pas lâcher ce téléphone deux minutes ? Et puis, t'as pas autre chose à faire ? T'as pas un devoir de maths à préparer pour demain ? Tu t'y prends toujours au dernier moment ! Et puis mince, il fait beau, va voir tes copains, sors, profite du soleil ! ». Puis, se tournant vers moi et me prenant à parti : « Je n'arrive plus à en tirer quoique ce soit. Il ne veut plus rien faire, il traine ». Tiago s'est mollement rebellé en bougonnant quelque chose comme quoi il était fatigué, que c'était comme ça l'adolescence, que c'était normal. La discussion s'est envenimée. Le moment est devenu plus qu'embarrassant pour moi. J'ai eu très envie de fuir.

En réalité, peu de temps après, j'ai pris le temps de discuter avec Tiago, pour comprendre comment ce jeune homme, qui, à son âge, devrait être plein d'énergie, pouvait en arriver là. Je vais te dire un secret. Tiago n'est pas du tout un fainéant. Il a peur d'échouer. Alors il préfère ne rien faire. Comme ça, s'il n'y arrive pas, il peut dire que c'est parce qu'il n'a rien fait. En cas d'échec, personne ne pourra soupçonner que c'est à cause de son manque de talent. En plus, Tiago m'a avoué qu'il avait peur de se faire charrier, surtout au collège. Lui qui porte des lunettes et est assez petit, il angoisse à l'idée qu'on le prenne pour un intello et que tout le monde se moque de lui. Il a aussi peur que les filles ne s'intéressent pas à lui. Alors, Tiago se cache. Tiago préfère ne rien faire. Et comme il ne fait rien, il pense qu'il ne réussira rien et il ne se projette pas du tout dans l'avenir, ce qui le motive encore moins pour se bouger !

Crois-moi, j'ai dû lui tirer les vers du nez avant qu'il ne se confie à moi de la sorte. Depuis, lui, moi et sa mère, on tente de le re-booster, en le valorisant, surtout dans les activités qui lui plaisent. Ce n'est pas facile tous les jours, mais on n'a pas du tout envie de voir un si chouette jeune homme se renfermer et finir aigri.

Pourquoi je te raconte tout ça ?

Parce que trop souvent, je vois des jeunes garçons qui ressemblent à Tiago. Ils sont beaux, intelligents, forts, ont de l'humour, sont perspicaces etc… mais sont plutôt renfermés, et peu motivés car ils ne se rendent pas toujours compte de leurs qualités et de leur potentiel. Tu fais peut-être partie de ces jeunes hommes qui n'ont pas confiance en eux alors qu'ils sont tout simplement géniaux. Quel gâchis ! Je ne pouvais pas rester sans rien faire.

Voilà pourquoi j'ai écrit ce livre. En le parcourant, tu vas faire la rencontre de 10 adolescents qui sont parvenus à surmonter leurs peurs, leurs doutes, leurs angoisses et à s'accepter tels qu'ils sont pour suivre leur destinée.

Comme eux, comme Tiago, toi aussi tu peux le faire. Tu peux surmonter ta colère et tes doutes et réussir tout ce que tu entreprends. Tu dois commencer par croire en toi.

C'est le but de ce livre, t'aider à croire en toi pour devenir un jeune homme exceptionnel.

# DAMIEN N'AIME PAS L'ÉCOLE

Damien n'a jamais vraiment aimé l'école. Il s'y est fait plein d'amis, ça c'est vrai. Et puis il y a certaines matières qui sont intéressantes, comme le sport, la physique ou même l'anglais. Mais de manière générale, il s'en passerait bien.

Il sait qu'il n'a pas trop le choix. L'école est obligatoire jusqu'à 16 ans. Il en a à peine 11. Encore 5 ans à tenir ! Ça lui paraît très long. D'autant que s'il n'aime pas l'école, le collège, c'est encore pire. Cela fait deux mois qu'il a eu sa rentrée.

Le collège est très grand avec plus d'un millier d'élèves. Quand on arrive en sixième, c'est intimidant. Il est dans les plus petits alors qu'il s'était bien habitué à être dans les plus grands à l'école primaire. Non, il n'y a rien à dire, le collège est source d'angoisse.

En plus, les cours sont très difficiles et on change tout le temps de maîtres, enfin, de professeurs. Il y en a des sympas, d'autres moins et certains sont carrément flippants, comme le professeur d'histoire-géographie, un blond immense avec une grosse barbe qui semble sorti tout droit d'un de ces contes où les ogres mangent les enfants. D'autres professeurs ont une apparence plus sympathique, mais ils sont trop stricts. Il ne faut pas parler en classe. Même lever la main peut les mettre en colère ! C'est très compliqué pour Damien qui ne comprend pas toujours tout et qui aimerait bien qu'on lui explique deux fois certaines choses. Il ne peut ni demander à la professeure de chimie qui s'énerve facilement ni à ses camarades sous peine d'être grondé.

Pour les devoirs, c'est encore plus compliqué. Quand il rentre chez lui et qu'il se retrouve seul dans sa chambre avec une liste énorme de choses à faire pour le lendemain, il a envie de disparaître sous sa couette.

Damien vit avec sa maman et sa petite sœur de 5 ans. Sa maman passe beaucoup de temps avec elle parce qu'elle a des capacités différentes. Elle a des troubles du spectre autistique. Damien n'est pas sûr d'avoir très bien compris ce que ça voulait dire parce que sa petite sœur a l'air tout à fait normal. Quand on a des troubles autistiques, on a plus de mal à gérer ses émotions et à ressentir de l'empathie pour les autres. C'est ce que sa maman dit, mais Damien a souvent l'impression que sa sœur en profite pour obtenir ce qu'elle veut.

En tout cas, une chose est sûre, sa petite sœur accapare toute l'attention de sa maman et Damien doit se débrouiller tout seul. Sa mère le répète quotidiennement : tu es grand maintenant ! Ses grands-parents aiment bien aussi dire que c'est l'homme de la maison et qu'il doit être responsable. Mais Damien ne se sent pas du tout comme un homme et c'est pas sa faute s'il n'a pas de papa et si sa petite sœur a des troubles autistiques. Lui, il a besoin d'aide, surtout le soir pour faire les devoirs.

Mais Damien ne dit rien. Au début, il essayait de faire ses devoirs, puis il a très vite abandonné. Il n'y arrivait pas de toute façon. En classe, il a essayé d'écouter, mais ne comprenant pas grand-chose, il préférait dessiner sur ses carnets.

Au bout des trois premiers mois, les premiers résultats sont catastrophiques pour Damien. Il rentre la tête basse avec son carnet de notes. À la maison, sa petite sœur a fait une crise et sa mère se bat avec la machine à laver qui ne fonctionne pas. Il ne sait pas comment annoncer la nouvelle. Il se contente de déposer le carnet de notes pour la signature sur la table du salon et va s'enfermer dans sa chambre.

Sa maman ne s'est pas mise en colère. C'est quand même une chouette maman qui fait de son mieux. Ça, il le sait et il est lui-même très déçu de ne pas pouvoir lui donner satisfaction.

Elle vient le soir dans sa chambre pour lui parler :

— Je suis désolée mon grand de ne pas pouvoir te soutenir. Mais ce n'est pas grave, d'accord ? C'est juste le début, on va trouver une solution.

Il s'endort ce soir-là un peu soulagé. Il est quand même très inquiet. Les gens disent que les enfants qui ne s'en sortent pas à l'école auront des problèmes toute la vie.

Pendant les vacances, sa maman a demandé au voisin, un étudiant, de l'aider à rattraper son retard. Ils travaillent tous les deux pendant une semaine, 5 heures par jour. Damien n'en peut plus. Il réalise que ce n'est pas seulement l'école qu'il n'aime pas, mais les apprentissages en général. Il a du mal à comprendre et tout l'ennuie. Il ne comprend pas à quoi ça sert d'apprendre toutes ces choses-là. Il a juste envie de jouer au foot avec les copains, de lire des bandes dessinées et de faire des jeux vidéo.

L'étudiant abdique au bout de la semaine et Damien se sent encore plus coupable vis-à-vis de sa maman. Il a essayé pourtant, mais il n'y peut rien.

Heureusement, les exercices faits pendant la semaine lui

ont tout de même permis de comprendre un peu mieux certaines choses et le trimestre suivant se passe un petit peu mieux, en tout cas en mathématiques et en physique. C'est en revanche toujours aussi désastreux dans les autres matières. Il obtient un 16 en sport, 10 en maths et 11 en physique chimie. Toutes les autres matières sont en dessous de 10. Il reçoit un deuxième avertissement. Le troisième signifiera qu'il devra redoubler sa classe. Cette perspective l'angoisse.

Sa mère est toujours aussi douce et attentive et lui dit qu'elle ne lui en veut pas. Ce n'est pas grave, ils vont trouver une solution. Elle redemande à l'étudiant qui refuse d'aider Damien. De toute façon, ils partent chez les grands-parents pour les vacances de Noël.

Damien aime bien ses grands-parents et ils ont une grande maison à la campagne avec un jardin et une superbe vue sur la forêt. Ses grands-parents sont très doux et ils ne le grondent pas pour ses mauvaises notes ni les avertissements de ses professeurs. Ils arrivent très bien à cacher leur inquiétude.

Damien peut se détendre et jouer. Il aide aussi sa petite sœur à rédiger une lettre pour le père Noël. Il n'y croit plus du tout, mais si ça lui fait plaisir. Elle demande une voiture télécommandée et un ballon. Elle veut savoir aussi ce qu'il veut demander lui, et la question le laisse perplexe. Il répond : « un nouveau jeu vidéo ».

Mais le soir, au moment de se coucher, Damien repense à la question. Il ne l'a pas dit sur le moment, mais si le père Noël existait et qu'il pouvait vraiment lui donner ce qu'il voulait, ce serait des bonnes notes à l'école.

Sur cette pensée, il s'endort.

Le soir de Noël, Damien n'arrive pas à dormir. Non pas qu'il attende le père Noël en qui il ne croit plus depuis longtemps, mais il a trop mangé de bûche au chocolat et il a mal au ventre. Un peu avant minuit, il descend pour aller aux toilettes. En passant dans le salon, il entend un bruit. Ça vient de la cheminée. Comme un grattement. La guirlande du sapin est allumée et on peut distinguer les cadeaux qui ont déjà été déposés par les grands-parents. Le bruit continue. Damien s'approche et confirme que ça vient de la cheminée.

D'un coup, quelque chose tombe dans les cendres. Quelque chose qui se met à tousser.

Damien n'en croit pas ses yeux. De la cendre émerge un petit être minuscule.

— Ouille, quelle descente ! Bonsoir. Es-tu bien Damien ?

Damien ne répond pas, il est paralysé, la bouche grande ouverte.

— Ah, oui, ça fait souvent cet effet-là. Je suis Malin le

lutin, enfin, un des lutins de tu sais qui. Je suis missionné ce soir pour ton cadeau. C'est moi qu'on appelle pour les affaires spéciales.

Damien n'en croit pas ses yeux. Il regarde autour de lui. Il doit être en train de rêver. Il se pince, mais rien ne change.

— Alors, tu veux avoir des bonnes notes au collège c'est ça ?

Il acquiesce en gardant la bouche grande ouverte.

— Pourquoi ?

— Comment ça pourquoi ?

— Pourquoi tu veux avoir des bonnes notes ?

Damien n'arrive pas à croire qu'il est en train de parler avec un lutin, un lutin qui pose des questions stupides en plus.

— Ben parce qu'il faut avoir des bonnes notes pour… ben pour…

— Pour ?

Le lutin possède un air malicieux qui dérange Damien. Il ne comprend pas où il veut en venir.

— Ben pour… pour passer en cinquième.

— Et une fois que tu seras en cinquième, il faudra aussi des bonnes notes ?

— Ben oui.

— Et pourquoi ?

Le petit jeu du lutin commence à agacer Damien qui ne

comprend toujours pas ce qui se passe.

— Ben pour passer en quatrième.

— Et ensuite ?

— Ben pareil, pourquoi tu me demandes tout ça ?

Le petit lutin ne répond pas et inspecte la pièce.

— Tu n'aurais pas quelque chose à manger ? J'ai faim.

Damien l'emmène dans la cuisine et ouvre le frigo. Le lutin accepte une part de bûche au chocolat. Il la déguste en entier, malgré sa petite taille. Damien est scotché. Il n'en revient toujours pas de parler avec un lutin.

— Ah, ça va mieux. Alors, moi je veux bien t'aider, mais pour ça, il faut que tu m'aides un peu aussi.

— Comment ça ?

— J'ai besoin de savoir pourquoi tu veux avoir de bonnes notes, sinon, ça ne marchera jamais.

— Je ne comprends pas.

— On ne peut pas avoir de bonnes notes juste pour avoir de bonnes notes. Enfin, ça marche pour certains, mais pas pour tout le monde. Essayons une autre stratégie. Tu veux faire quoi plus tard ?

Damien ne sait pas quoi répondre. On lui a souvent posé la question, mais il n'a jamais su quoi répondre. L'avenir n'existe pas vraiment pour lui. Il n'en a aucune idée.

— Ah, voilà le problème. Et pourquoi tu vas à l'école ?

— Ben je suis obligé.

— Ben oui. C'est dommage ça, on n'a pas le même système chez les lutins. Et si tu n'étais pas obligé, tu ferais quoi de tes journées ?

Damien se prend au jeu et s'assoit.

— Je jouerais au foot, je ferais des jeux vidéo, je lirais des bandes-dessinées, je… je dessinerais…

— Tu dessinerais ?

— Oui, j'adore le dessin.

— Ah, intéressant. Et à l'école, il n'y a pas de dessins ?

— Si, en classe d'arts plastiques, mais on fait pas de dessin en ce moment.

— Et tu aimerais faire un truc comme ça plus tard, dessiner, être artiste, peindre peut-être ?

Damien hausse les épaules. Il n'y a jamais pensé.

— T'imagines si tu pouvais dessiner tout le temps ? Genre ce serait ton boulot de faire une activité que tu aimes beaucoup. Qu'est-ce que tu en dis ?

Damien réfléchit un peu et se dit que ce serait vraiment chouette.

— Oui, je pourrais dessiner pour des jeux vidéo. Ça j'aimerais vraiment beaucoup.

— Ah, je vois. Et tu sais comment on fait pour obtenir un tel boulot ?

Il secoue la tête.

— Ok, alors voici la recette, pour avoir des bonnes notes, je vais te demander de te renseigner pour savoir comment on devient dessinateur pour les jeux vidéo. D'accord ?

— Mais… tu n'as pas des pouvoirs magiques pour…

— Des pouvoirs magiques ? Non, ça ne marche pas comme ça. C'est toi qui en as ! Allez, je file, j'ai d'autres cas spéciaux dans ton genre qui m'attendent ! Bonne nuit !

Le lutin disparaît dans la cheminée en laissant Damien perplexe.

Le lendemain, en se réveillant, Damien est persuadé d'avoir rêvé. Pour autant, juste après le petit-déjeuner, il va sur internet pour chercher le métier de dessinateur de jeux vidéo. Il découvre qu'il y a effectivement une carrière qui permet de travailler là-dedans. Le parcours est assez simple. Après le lycée, il peut rejoindre une école spécialisée.

Le jour de la rentrée, Damien se rend au collège avec une énergie nouvelle. Tous les copains sont là et se posent des questions sur les cadeaux de Noël. Il parle du nouveau jeu vidéo qu'il a reçu, le même que la plupart de ses camarades, de son nouveau vélo et il se garde bien de parler de la rencontre avec le lutin. Il n'a pas envie qu'on se moque de lui et il n'est toujours pas convaincu que ce soit réellement arrivé.

Il est plus attentif en classe et il a l'impression de mieux comprendre ce que disent les professeurs. En plus, en classe d'arts plastiques, le professeur propose de dessiner des natures mortes et ça lui plaît beaucoup. Dans ses recherches, il a vu que les mathématiques et notamment la géométrie étaient très importantes dans le dessin. Il est beaucoup plus intéressé par les cours et comprend mieux.

C'est un peu pareil dans toutes les matières. Tout est devenu plus simple. À la maison, devant son bureau il a mis un poster de son jeu favori. Il s'amuse à dessiner les mêmes personnages puis il fait ses devoirs.

À la fin du troisième trimestre, il obtient, à la surprise de tous, les encouragements des professeurs. Sa maman est folle de joie et Damien meurt d'envie de lui parler de son histoire de lutin. Mais il sait qu'elle ne le croirait pas. Il en a juste parlé à sa petite sœur qui lui a répondu qu'elle en voyait tout le temps des lutins !

Parfois, Damien se dit que le lutin lui donné des pouvoirs magiques pour avoir des bonnes notes. D'autres fois, il comprend qu'il l'a juste aidé à répondre à la question « pourquoi ». Et il est vrai qu'il est plus facile d'obtenir des bonnes notes quand on sait pourquoi on étudie.

# ET TOI ?

Qu'aimerais-tu faire plus tard ?

……..………………………………………………………………

………………………………………………………………………

………………………………………………………………………

………………………………………………………………………

………………………………………………………………………

………………………………………………………………………

Que dois-tu faire pour y parvenir ?

……..………………………………………………………………

………………………………………………………………………

………………………………………………………………………

………………………………………………………………………

………………………………………………………………………

………………………………………………………………………

# FELIPE NE VEUT PAS ÊTRE VU

Il s'appelle Felipe et il mesure 1m72. Cette taille n'a rien de surprenant pour un adulte, mais Felipe n'a que 12 ans à peine ! Il fait figure de géant à l'école. Il mesure une tête de plus que tous ses camarades de classe. Il a depuis longtemps dépassé la taille de sa mère et il ne lui manque que quelques centimètres pour égaler son père.

Être grand présente de nombreux avantages. On peut aller fouiner au-dessus des étagères et atteindre toutes les cachettes. Les chocolats et autres confiseries sont toujours accessibles. On peut voir au-dessus des autres pour regarder le tableau, un film ou une scène de concert. On a aussi l'avantage de pouvoir paraître plus vieux et être pris un peu plus au sérieux.

Malheureusement, une grande taille peut aussi présenter

quelques petits inconvénients. On se cogne plus facilement aux poutres et il est plus difficile de trouver des vêtements à sa taille. Mais ce qui peut être encore plus difficile à vivre, c'est le fait d'être visible de loin. C'est parfait pour les personnes qui aiment être au centre de l'attention, moins pour celles qui aiment se faire discrètes.

C'est justement le cas de Felipe qui ne supporte pas d'être remarqué et qui aurait bien aimé mesurer 20 centimètres de moins pour se situer pile dans la moyenne de la classe. Mais voilà, la vie en a décidé autrement et Felipe semble avoir hérité des gènes de son grand-père maternel, un Hollandais du nom de Gus qui mesurait presque 2 mètres. Felipe ne l'a pas connu. C'est sa mère qui lui a parlé de son existence. Elle lui a également expliqué que des fois, les caractères génétiques sautent une génération. Felipe aurait beaucoup aimé hériter des gènes paternels et de cette lointaine origine espagnole qui lui a donné son nom. Un nom que Felipe n'apprécie d'ailleurs guère plus que sa taille. En France, quand on n'aime pas être au centre de l'attention, il est préférable de s'appeler Thomas, Damien ou Simon. Mais Felipe ? Dès que son nom est prononcé, tout le monde se retourne, les blagues fusent et Felipe voûte encore un peu plus son dos.

Car pour essayer de compenser la hauteur démesurée de son corps, Felipe s'incline chaque jour un peu plus, ce qui ne le rend malheureusement pas moins sujet à moqueries.

De loin et de profil, il semble sorti tout droit d'un film d'animation de Tim Burton et beaucoup l'appellent l'étrange monsieur Jack.

Son père a beau s'évertuer à lui répéter de se tenir droit, rien n'y fait. Felipe courbe l'échine pour ne pas être vu.

Ses parents se désolent de le voir ainsi. Ils ont tout essayé. Ils sont allés consulter une batterie de médecins et spécialistes en tout genre pour essayer d'aider leur fils, que ce soit au niveau physique pour qu'il garde sa colonne vertébrale droite, ou au niveau psychologique pour qu'il arrête d'avoir honte de sa taille. Mais rien ne fonctionne. Les psychologues se sont succédé pour trouver une solution, sans résultat.

Désespérée, la maman de Felipe décide de consulter une femme un peu bizarre qui lui a été recommandée par une amie d'une amie d'une amie. Elle s'appelle Ornella et vit au premier étage de l'immeuble voisin. C'est un personnage atypique que tout le monde connaît dans le quartier pour ses nombreuses excentricités. Elle porte des chapeaux immenses avec des plantes dessus, des habits très colorés qui ne sont que très rarement assortis les uns aux autres et, chose plus étrange encore, elle passe son temps sur son balcon à discuter avec on ne sait qui. Les personnes qui l'ont interrogée ont toujours eu la même réponse : « je parle aux oiseaux voyons ! ».

Ornella est excentrique, mais aussi un peu magicienne sur les bords. Quand quelqu'un dans le quartier a un problème d'ordre psychologique, c'est souvent vers elle qu'il finit par se tourner. Ses recettes sont toujours étranges, mais d'une efficacité redoutable. Elle propose par exemple des potions magiques à base de fleurs de tilleul ou d'épines de ronces, mais aussi des exercices rigolos comme apprendre à marcher sur les mains ou passer une journée dans le noir.

La maman de Felipe s'est toujours méfiée de cette dame qui ne lui inspire pas confiance, mais au comble du désespoir, elle décide finalement d'aller la voir.

— Mais bien sûr que je peux recevoir votre fils. Vous parlez du point d'interrogation qui ne sait pas où se mettre ?

La maman déglutit. La dame ose appeler son fils « point d'interrogation ». Ses sourcils se froncent et elle est sur le point de tourner les talons quand la dame ajoute :

— Je serais enchantée de le recevoir pour discuter de ses phobies. C'est ma spécialité.

La maman hésite et demande :

— Combien pour une séance ?

— Oh, je serai payée en temps et en heure, ne vous inquiétez pas. Mercredi prochain à 14 heures.

Le mercredi suivant, Felipe se présente devant la porte

de la dame étrange. Il toque trois fois, mais personne ne répond. Il toque deux fois de plus avant de se demander s'il ne s'est pas trompé d'heure. Une voix derrière lui le fait sursauter :

— Bonjour mon grand, tu veux bien venir avec moi ?

C'est la dame étrange. Elle porte une longue robe avec des fleurs de toutes les couleurs et un chapeau pointu en lianes tressées.

Felipe est intimidé et n'ose pas répondre. Il se contente de hocher la tête et de lui emboîter le pas.

Ornella l'emmène dans le parc voisin. Ils s'assoient sur un banc, juste sous un grand tilleul.

— Alors mon garçon, sais-tu pourquoi nous sommes ici ?

Il secoue la tête en regardant ses chaussures.

— Ta maman m'a parlé d'une phobie. Peux-tu m'en parler ?

Felipe est déconcerté. Il se sent encore plus intimidé par cette dame maintenant qu'ils sont tous les deux sur un banc. Il n'ose même pas la regarder dans les yeux.

— De quoi as-tu peur ?

— J'ai peur… j'aime pas être le plus grand.

— Pourquoi ? Tu as vu comme je suis petite ! J'aimerais bien être plus grande, moi !

— Ben pas moi.

— Oui, je comprends. Chacun ses problèmes ! Bon, j'ai

un exercice à te proposer. Est-ce que ça te va?

Il lui jette un regard en coin et hausse les épaules.

— Ta maman m'a dit qu'elle allait te récompenser si tu suivais à la lettre toutes mes instructions. Que va-t-elle te donner ?

— Une console de jeux.

— Aahhh, les fameuses consoles de jeux. Ce sont ces trucs bizarres avec des manettes devant un écran ? Oui, je vois. Je ne m'occupe pas des récompenses. Moi j'aurais préféré un voyage ou un nouveau vélo, mais bon… les préférences, ça ne se discute pas ! Donc, premier exercice. Je t'ai amené des nouvelles chaussures.

Elle sort un sac de derrière le banc et en sort deux chaussures avec des semelles compensées.

— Hein, mais ça va pas, je vais être encore plus grand !

— Je veux que tu les portes toute la semaine à l'école.

— Mais tout le monde va se moquer de moi.

— C'est possible, mais c'est déjà le cas, non ?

Il acquiesce en baissant la tête.

— C'est juste un jeu. Pense à la console !

Le lendemain, Felipe chausse les bottes compensées et se rend à l'école. Il a gagné dix centimètres de plus et tout le monde le remarque. On lui fait des blagues, mais finalement, pas plus que d'habitude. Il est juste encore plus grand. Les élèves manquent de créativité. Il est toujours monsieur Jack, une girafe ou le bossu de Notre-Dame. Au milieu de la journée, tout le monde semble s'être habitué à la nouvelle taille de Felipe et plus personne ne dit rien. D'autant que c'est la finale de The Voice et tout le monde ne parle que de ça. Felipe réussit à tenir toute la journée. Il rentre chez lui exténué mais, étrangement, plutôt content.

Il recommence le lendemain et tous les jours suivants, pendant une semaine.

Le mercredi d'après, il retourne voir Ornella. Elle l'invite cette fois-ci à l'intérieur de son appartement. Il hésite à rentrer car une forte odeur musquée se dégage de l'entrée et le fait éternuer.

— Oh pardon, j'ai mis un encens au poivre pour chasser les mauvais esprits ! Attention, l'appartement est plein de plantes et il est difficile de marcher sans se cogner à un pot de fleur.

Elle reprend les chaussures en s'assurant qu'il ne veut pas les garder. Elle lui demande comment il s'est senti. Il avoue que c'était très agréable de revenir à sa taille normale. Il se sent chanceux de ne pas être plus grand encore !

— Mais je peux vous poser une question Madame ?

— Bien sûr.

— En quoi ça va m'aider ?

— Tu verras, répond-elle énigmatiquement.

Elle l'invite à s'asseoir sur le balcon et ils restent une dizaine de minutes sans parler. Felipe s'impatiente et finit par dire :

— Et maintenant ? C'est fini ?

— Chut, écoute, les oiseaux nous parlent.

Felipe se tait, mais il n'entend que des sons inintelligibles.

— Qu'est-ce qu'ils disent ?

— Plein de choses qui ne peuvent pas s'expliquer. Mais ils m'ont donné une idée. Pour la semaine à venir, je t'interdis de parler.

— Quoi ? Mais pourquoi ?

— Ça devrait être confortable, j'ai compris que tu n'aimais pas prendre la parole, non ?

— Oui, mais…

— Eh ben voilà. Allez, à la semaine prochaine.

Les jours passent et Felipe obéit scrupuleusement aux instructions d'Ornella. Il a en effet très envie d'avoir une console de jeu. Mais il y a une autre raison qui le pousse à respecter l'exercice : le premier jour, alors qu'il avait commencé à parler, un oiseau est venu lui piquer la tête. Il lui a semblé entendre la vieille Ornella se moquer de lui. C'était sans doute une vue de l'esprit, car en regardant autour de lui, il n'a pas trouvé la moindre trace de la vieille excentrique.

Une semaine plus tard, Felipe retourne chez Ornella.

Elle l'invite à rentrer sans dire un mot. Elle l'observe longuement. Felipe lui parait plus grand, son dos semble moins bossu. Il a dû gagner un centimètre ou deux, ou alors c'est juste le fait qu'il se tient un peu moins courbé. Il semble aussi avoir gagné un peu en assurance.

Après lui avoir offert un biscuit, elle lui demande :

— Alors, dis-moi, qu'est-ce que ça fait ?

— Ben, euh… c'était frustrant, j'avais envie de parler plein de fois… et… je suis content de pouvoir parler à nouveau.

— Ahah, oui, c'est quand même chouette d'avoir une voix, non ?

Il acquiesce en souriant. Il commence à voir où elle veut en venir avec ces deux exercices.

— Et maintenant, le troisième et dernier exercice et tu pourras avoir ta console de jeu !

— Qu'est-ce qui faut que je fasse maintenant ? Que je me bande les yeux ?

— Ahaha, je vois que tu as de l'humour finalement ! Pourquoi pas, ce serait une bonne idée. Mais tu n'as pas peur de voir il me semble, non ?

Il secoue la tête en rougissant.

— Le dernier exercice est très simple. Je veux que tu fasses le tour du parc avec un verre d'huile sur la tête.

— Quoi ?

— Et pour cela, tu vas t'entraîner toute la semaine avec

un verre en plastique rempli d'eau. Je veux que tu apprennes à marcher sans faire tomber le verre.

— Mais c'est impossible…

— Impossible ? Non. Difficile ? Oui, mais si tu gardes la tête bien droite, tu devrais y arriver. Allez, plus qu'un exercice ! Bonne chance !

Felipe sort de l'appartement avec le verre en plastique rempli d'eau. Sur le trottoir, devant les yeux d'Ornella qui le regarde depuis son balcon, il commence son entraînement. Il arrive à faire trois pas avant de se prendre de l'eau sur la tête. Elle rit aux éclats, tout comme les oiseaux, un groupe de pies moqueuses qui semblent s'être donné rendez-vous pour l'occasion.

Felipe s'entraîne toute la semaine, sauf au collège où il a quand même un peu honte de le faire devant tout le monde. Il ne le fait que le mardi, en démonstration, devant ses amis qui ne se moquent plus en le voyant parader dans la cour avec un verre d'eau sur la tête.

Felipe a gagné en assurance et sa taille ne représente plus un problème pour les autres. On ne l'appelle plus monsieur Jack. Felipe s'en rend compte, mais il ne peut pas l'expliquer. Pour lui, rien n'a changé. Il ne comprend pas pourquoi il n'attire plus les moqueries. D'ailleurs, c'est plutôt l'inverse qui se produit. Les filles le regardent d'un air différent. Felipe en est le premier surpris.

Le mercredi, il se rend chez Ornella et lui montre ses prouesses. Il tient sur presque la moitié du trajet avant de sursauter à l'approche d'un corbeau. L'huile se déverse sur son visage, ce qui provoque les rires d'une paire d'hirondelles, de deux moineaux et, bien sûr, d'Ornella.

Vexé, Felipe remplit le verre à nouveau en disant qu'il peut y arriver.

— Ne t'inquiète pas Felipe, c'est très bien. Tu as passé le test !

— C'est vrai ?

— Oui, c'est fini. Tu n'as plus besoin de venir me voir et tu as gagné ta console de jeu !

— Mais… on n'a pas… enfin, je…

Felipe ne sait pas quoi dire. Il n'a pas eu l'impression d'avoir guéri de quoi que ce soit, mais alors qu'il cherche ses mots, il se rend compte que beaucoup de choses ont changé. Les camarades ne se moquent plus, et il n'a plus peur de parler pour répondre aux questions des professeurs. Sans s'en rendre compte, Ornella l'a guéri de ses peurs.

— Oh, je vois. Merci, merci, vous m'avez guéri !

— Mais non, voyons. Je n'ai rien fait. C'est toi qui as guéri tout seul. Moi j'ai juste écouté les oiseaux ! Allez, bon vent !

Depuis ce jour, Felipe se tient bien droit et il n'a plus honte de sa taille. Il a compris que souvent, le problème ne vient pas de ce que les autres pensent de nous, mais de ce que nous pensons de nous-mêmes. Il a appris à s'aimer, tout simplement, et à prendre la vie du bon côté.

# ET TOI ?

As-tu aussi des complexes ? Si oui, lesquels ?

...............................................................................

...............................................................................

...............................................................................

...............................................................................

...............................................................................

À la fin de l'histoire, Felipe réalise que le problème ne vient pas de ce que les autres pensent de lui, mais de ce qu'il pense de lui-même. Es-tu d'accord avec lui ?

...............................................................................

...............................................................................

...............................................................................

...............................................................................

...............................................................................

...............................................................................

# LA VIDÉO DE ADAM

Adam est un garçon à peu près comme les autres. Il mesure 1m64, ce qui est relativement grand pour son âge, mais pas trop. Il vient d'avoir 12 ans, il est en cinquième au collège Montségur. Ses parents ont divorcé l'année dernière et il vit avec son père. Sa petite sœur est restée avec sa mère. Des fois, elle lui manque et il rêve que ses parents se remettent ensemble. D'autre fois, il est très content qu'elle ne soit pas dans ses pattes tout le temps !

Adam a plutôt bien vécu le divorce. De toute façon, c'était préférable. Ce n'était pas agréable de les entendre se disputer sans arrêt. Là, au moins, ils arrivent à s'entendre plutôt bien, et s'ils se disputent, il n'est pas là pour le voir.

Adam a d'autres préoccupations. Il y a d'abord le collège qui est un environnement hostile où il ne sent pas toujours à l'aise. Depuis qu'il est en cinquième, ça va un peu mieux. Les grands ne l'embêtent plus comme avant. Mais dans sa classe, il y a trois garçons qui ont redoublé leur cinquième et qui embêtent toujours tout le monde. Ils aiment bien le taquiner lui aussi au sujet de son problème de santé.

En effet, Adam souffre d'une maladie qui n'est pas trop grave mais plutôt incommodante au quotidien. Il va aux toilettes plusieurs fois par jour pour évacuer ses selles. Il y va au moins trois fois dans la journée, ce qui n'a pas échappé à ses camarades de classe qui l'appellent « Chiasse ».

Ce surnom n'est pas agréable du tout, mais Adam s'y est habitué. Il essaye de les ignorer et se concentre sur ses cours. Enfin, ça c'était avant.

Un jour, alors que son ventre est particulièrement troublé et qu'il attend avec impatience la pause pour aller aux toilettes, les trois grands du fond de la classe décident de manigancer quelque chose. Adam n'y fait pas attention, il regarde sa montre frénétiquement. Quand la sonnerie retentit, il range ses affaires en vitesse et se précipite aux toilettes. Il ne voit pas qu'il est suivi. Ceux qui se font appeler les « trois mousquetons » pénètrent dans les toilettes. Max garde la porte et empêche d'autres gens de rentrer pendant que Luc et Hugo s'approchent des toilettes où est enfermé Adam. Ils s'installent dans les toilettes à côté. Luc s'assoit et met ses mains pour que Hugo puisse se hisser dessus. Il a un portable dans la main pour filmer.

Adam est bien trop occupé pour se rendre compte de ce qu'il se passe. Quelques minutes plus tard, il sort des toilettes, soulagé, sans s'être rendu compte de rien.

S'ensuivent deux heures de mathématiques. Adam écoute attentivement, il se sent tellement soulagé. Les « trois mousquetons » n'en peuvent plus de rire dans le fond de la classe et Hugo finit par se faire envoyer chez la CPE. Il a l'air de s'en moquer.

À midi, Adam va au réfectoire avec Mia et Jérôme, ses deux meilleurs amis. Beaucoup de gens les regardent et Adam, de prime abord, n'y fait pas attention. Dans la queue du self, il entend des « c'est lui ? » et des rires étouffés.

— Qu'est-ce qui se passe ? demande Mia.

— Je sais pas, mais je crois qu'on nous regarde.

— Ouais, j'ai remarqué aussi, dit Jérôme qui pense tout de suite que c'est à cause de lui et son surpoids.

Ils prennent leur plateau repas et vont s'asseoir sur une table. Il y a deux filles à l'extrémité, deux grandes, qui quand elle les voit arriver se mettent à pouffer de rire. Elles se lèvent ensuite pour changer de place.

Adam ne comprend pas ce qui se passe. À ce moment-là, Mia reçoit un message sur son portable. C'est la seule à en avoir un parmi les trois. C'est un message d'une amie :

« Faut que tu voies ça, c'est bien ton pote, non ? »

Mia se fige en voyant la vidéo sur son portable. Elle lève les yeux horrifiés sur Adam.

— Qu'est-ce qui se passe, demande-t-il ?

— Je suis désolée… je… je crois…

Adam ne comprend pas. Qu'est-ce qui lui arrive ?

Jérôme regarde sur le portable et ses yeux s'écarquillent.

— Oh les salauds, qui c'est qui a fait ça ?

— Mais quoi ? dites-moi.

Mia ne sait pas quoi faire. Elle tend le portable à Adam. Il appuie sur l'écran pour lire la vidéo. Il lui faut quelques secondes pour se reconnaître. On le voit d'en haut, en train de faire caca et de pousser des soupirs de contentement. Le titre de la vidéo dit : « Un scatophile dans l'école ».

Adam se paralyse, il garde le portable dans les mains et n'ose pas lever les yeux. Il entend les rires et les voix et il se dit d'un coup que tout le monde est en train de parler de lui. Il lève les yeux et voit toutes les personnes qui le regardent. La panique s'immisce dans son corps. Si Mia a reçu cette vidéo, ça veut dire qu'elle est devenue virale. Elle est peut-être déjà sur internet. Il se lève et se dépêche de sortir, il a juste le temps d'entendre la voix d'Hugo qui s'élève dans la cantine :

— Eh ben, Chiasse, t'as encore envie ?

Et tout le monde se met à rire.

Mia essaye de le rattraper mais c'est trop tard, Adam est

sorti de l'enceinte du collège malgré l'interdiction. Un pion a essayé de le retenir, en vain, les larmes coulent sur son visage. Il court pour rejoindre sa rue, ouvre la cage d'escalier et ce n'est qu'une fois dans sa chambre, sous sa couette, qu'il peut respirer un peu.

Son père travaille à la maison et il a entendu la porte claquer. Il arrive que Hugo rentre à la maison entre midi et deux pour chercher un cahier qu'il a oublié ou quelque chose du genre et il ne s'inquiète pas plus que ça.

Plus tard, il sort de son bureau pour aller aux toilettes et il aperçoit les chaussures et le sac-à-dos de son fils. Il est 14 heures passées.

— Adam, tu es là ? Il y a un professeur d'absent ?

Pas de réponse. La porte de la chambre d'Adam est fermée.

Son père s'approche. Il toque à la porte.

— Adam, répète-t-il, tu es là ?

Toujours pas de réponse. Il ouvre la porte et aperçoit une boule sous la couette. Son fils pleure.

— Adam ! Qu'est-ce qui se passe ?

Adam n'arrive d'abord pas à parler, puis les mots sortent, se déversent. Il raconte l'histoire, la vidéo, les rires des gens à la cantine. Il ne veut plus jamais aller à l'école.

Son père agit immédiatement. Ils ont eu une réunion à

l'école sur ce sujet justement, le harcèlement. Il sait qu'il faut prévenir l'école tout de suite pour agir. Il sait aussi que c'est l'une des premières causes de suicides des adolescents. Il appelle dans la foulée son ex-conjointe pour tout lui raconter en essayant de ne pas trop l'alarmer.

Elle arrive une heure plus tard pour prendre Adam pour la soirée.

— Je te le ramène demain, il a besoin d'une maman.

Il se contente de hocher la tête. Il a rendez-vous demain avec la CPE du collège.

Adam se blottit dans les bras de sa mère. Il ne veut pas parler de ce qu'il ressent, tout est bloqué à l'intérieur de lui, comme une grosse boule qui l'empêche de respirer. Pourquoi lui ? Ce n'est pas juste que ça lui arrive. Tout le collège doit être en train de se moquer de lui, peut-être même plus. Il se rappelle d'une vidéo d'un jeune qui était devenu virale, des millions de vues.

Le lendemain, son père vient les voir. Il a vu la CPE et des mesures ont été prises. La vidéo a été retirée et elle n'a pas été postée sur Youtube. Les entreprises du web sont toutes très coopératives avec les institutions sur cet aspect-là.

— Mais tout le monde l'a vue ! crie Adam en pleurant de plus belle.

— Je sais mon fils, je suis vraiment désolé. Mais en tout

cas, c'est fini. Tu sais ça s'oublie vite…

— C'est pas vrai, ils vont jamais oublier ça, je veux plus y aller, je veux changer de collège !

— Laisse, intervient la mère, je m'en occupe.

Changer de collège n'est pas aussi simple, surtout en cours d'année. Cela voudrait dire prendre le bus, se lever plus tôt, perdre ses amis aussi et qui sait s'il n'y aura pas d'autres élèves méchants dans le nouveau collège.

Adam passe les jours suivants chez sa mère et retourne chez son père pour le week-end. Il ne veut toujours pas retourner au collège, même si les « trois mousquetons » s'excusent, chose qu'ils ont promis de faire. Son père se sent démuni. Il propose une journée cinéma et restaurant pour détendre l'atmosphère.

Dans un immeuble voisin, une autre famille est sous le choc. Le père d'Hugo a donné la première gifle de sa vie à son fils et il s'en veut. La mère a réussi à retenir sa colère pour lui parler.

Hugo ne sent pas fier. En dehors du collège, il est loin d'être un caïd. Sa famille galère au quotidien pour joindre les deux bouts, il a deux petites sœurs dont il doit s'occuper jusqu'à ce que ses parents rentrent du travail, ce qui est toujours très tard. C'est lui qui cuisine et les couche.

Il trouvait ça drôle sur le moment, la vidéo, les toilettes, mais il doit bien avouer qu'il regrette et c'est lui qui a proposé à la CPE de présenter ses excuses. Max lui en a voulu et lui a dit que c'était une mauviette, mais Max est un abruti. Il ne devrait pas traîner avec lui, il le sait. Quand il a redoublé sa classe, sa mère était très déçue. Ce qui est une fierté au collège est une honte à la maison.

Max a refusé de s'excuser et a été renvoyé sur le champ. Luc et Hugo ont dit qu'ils feraient tout pour ne pas être renvoyés. Des excuses, mais aussi un changement de comportement radical, ils ont tout accepté.

Mais Hugo sent que ce n'est pas assez.

Aujourd'hui, son père ne travaille pas. Après le Grand Prix à la télé, il vient le voir dans sa chambre. Son père est d'origine portugaise, il parle avec un accent qui sent bon le soleil et qui roule les « r ».

— Ça va mon fils ?

Il hausse les épaules.

— Tu sais mon fils, on fait tous des erreurs dans la vie, c'est pas ça le problème.

Hugo lève des yeux interrogateurs.

— C'est ce que tu en fais après. Qu'est-ce que tu appris de cette expérience ?

Il hausse à nouveau les épaules.

— Fais un effort.

— Je sais pas, qu'il faut pas… que c'est pas bien.

— Et encore ? Tu penses quoi de lui, de ce Adam ?

— Que c'est pas juste, il a jamais rien fait de mal. Je voulais pas vraiment lui faire du mal, je pensais pas que… je trouvais juste ça drôle.

— Maintenant, tu sais que ça ne l'est pas pour lui. Tu peux te mettre à sa place ?

Il hoche la tête.

— C'est bien ça. Tu veux mon conseil ? Je te le donne quand même, va lui parler. Va le voir. Explique-toi, excuse-toi.

— Il va jamais vouloir me parler.

— Essaye, tu n'as rien à perdre.

Le lendemain, après l'école, Hugo s'arme de tout son courage et va sonner à l'interphone.

— Oui, répond le père de Adam.

— Bonjour, est-ce que Adam est là ?

— Oui, mais je crois pas qu'il veuille voir quelqu'un. C'est Jérôme ?

Hugo hésite, il souffle un grand coup et dit :

— Non, c'est Hugo, je viens pour m'excuser.

Silence au bout de l'interphone, le père est surpris et laisse passer quelques secondes avant de répondre.

— OK, je vais voir.

L'attente est interminable pour Hugo et il a envie de déguerpir. Mais finalement, le père revient.

— Tu peux monter.

Adam l'attend dans la cuisine, les mains nouées sous la table, le regard fuyant. Hugo n'hésite pas, il a préparé son speech et le connaît par cœur :

— Je suis vraiment désolé Adam, je ne pensais pas que ça ferait tout ça. Je ne veux plus faire de mal et je veux même m'assurer que personne ne se moquera plus jamais de toi. Je suis prêt à casser la gueule au premier qui t'embêtera. Mais s'il te plaît, reviens en cours.

— Qu'est-ce que ça peut te faire que je revienne en cours ?

— Ben…

— C'est pour que tu sois pas renvoyé ?

Hugo hésite un instant, regarde derrière lui, il ne voit pas le père qui s'est caché derrière la porte.

— Ben écoute, oui, c'est vrai que je suis censé m'excuser. Mais en vrai, je me sens vraiment pas bien avec cette histoire. Je te l'jure. Je veux que tu reviennes pour me racheter. Je veux pas être un mec qui emmerde les autres, enfin, je veux plus. Max a été viré et je veux pas finir comme lui. Si tu reviens, je sais pas, c'est comme si j'avais le droit d'y être aussi. Sinon, c'est pas juste que ce soit toi qui soit expulsé d'une certaine manière.

Adam est très surpris, il ne s'attendait pas à autant de franchise. Il ne sait pas quoi répondre pour autant. Il se contente de dire :

— OK.

— Bon, je te laisse. Encore désolé et je te jure que je suis sincère. Je ferai gaffe.

Adam hoche la tête tout en regardant ses mains.

— Salut.

Une fois la porte fermée, le père rentre dans la cuisine.

— He ben, c'est une bonne surprise, non ?

— Oui.

— Il n'est peut-être pas si méchant que ça après tout. C'est comme le héros du film qu'on a vu hier, non ? On fait tous des erreurs.

Pour la première fois de la semaine, un sourire apparaît sur le visage de Adam. Cette visite lui a fait du bien.

Adam attend encore une semaine. Il profite de ces vacances improvisées et revoit Jérôme et Mia. Il a pris sa décision, il va revenir en classe.

Le lundi suivant, personne ne rit en le voyant. Au contraire, tout le monde s'est inquiété et même des gens qu'il ne connaissait pas lui demandent si ça va et s'excusent de s'être moqués. Ils n'auraient pas aimé être à sa place. En plus, Hugo est devenu son ami. Et gare à qui se moque de lui !

## ET TOI ?

Comment aurais-tu réagi si, comme Adam, tu avais découvert qu'une vidéo de toi honteuse circulait dans ton établissement ?

…………………………………………………………………

…………………………………………………………………

…………………………………………………………………

…………………………………………………………………

…………………………………………………………………

Et qu'aurais-tu fait en voyant la vidéo, si, cette fois, tu avais été un camarade de classe d'Adam ?

…………………………………………………………………

…………………………………………………………………

…………………………………………………………………

…………………………………………………………………

…………………………………………………………………

# JEAN ET L'HÉRITAGE FAMILIAL

Dans la famille Delâtre, on aime courir tôt le matin, boire du thé plutôt que du café, passer ses vacances en Normandie, visiter les musées et alimenter sa culture générale, organiser des banquets et participer aux soirées mondaines de la capitale, dormir sans oreiller sur des matelas ni trop dur, ni trop mou et, surtout, on aime prononce son propre nom, Delâtre, en insistant sur le « â » pour bien montrer au monde que l'on vient d'une classe aisée.

Les membres de la famille Delâtre sont très fiers de leurs origines. L'arbre généalogique qui est affiché dans le salon de la grande maison de famille normande remonte au 15e siècle avec le général Delâtre, l'un des principaux conseillers militaires de Charles V pendant la guerre de Cent Ans.

D'autres grands personnages s'invitent dans la chronologie française : un avocat présent lors du procès de Jeanne D'arc, un architecte qui a participé aux plans du château de Chambord sous les ordres de François 1er… Il y a eu aussi Louis Delâtre, un autre général, qui exerçait sous les ordres de Rochelieu au 17e siècle et qui a permis à la famille d'obtenir un duché en Normandie. Enfin, il y eu Jean Delâtre, l'arrière-arrière-arrière-grand-père, qui, juste après la Révolution française a su quitter la noblesse (et garder sa tête sur les épaules) pour démarrer une affaire de bijoux au 18e siècle, affaire qui perdure encore aujourd'hui.

Marcel Delâtre, père de famille heureux, est le dépositaire de cet héritage. Il mène l'entreprise d'une main de fer en essayant de l'adapter aux nouvelles technologies tout en résistant à l'empire Chinois qui inonde le marché du bijou. Fort de son savoir-faire et de son héritage, il se bat comme un diable pour honorer le blason familial.

Dans la famille, tout le monde parle bijoux et tout le monde travaille dans le monde du bijou. Le père est chef d'entreprise, la mère commerciale, la tante secrétaire, l'oncle fournisseur de matériaux, l'autre oncle fait le tour du monde à la recherche de nouvelles idées, l'autre tante est créatrice bijoutière, le fils aîné du premier oncle s'occupe des relations publiques et la fille de l'autre oncle travaille en boutique.

Dans la famille Delâtre, on travaille à la bijouterie ou on ne travaille pas.

Marcel Delâtre a deux enfants, une fille de 19 ans qui vient d'être acceptée à HEC et qui commence une brillante carrière de commerce international pour promouvoir les bijoux Delâtre dans le monde entier, et un fils de 13 ans, appelé Jean en l'honneur de son ancêtre, fondateur de l'entreprise familial.

Jean est l'un des rares membres de la famille Delâtre à ne pas aimer son nom. Jean déteste l'histoire et il aime encore moins l'histoire de sa famille. Quand tout le monde y voit un héritage exceptionnel et une richesse, Jean ne voit que des histoires de massacres, de trahison et de pouvoir. Pas de quoi s'en vanter. Pour lui, ses ancêtres étaient des assassins prêts à tout pour gagner des terres et s'enrichir. L'histoire de la bijouterie est un peu plus noble, mais reste que cette affaire repose sur l'exploitation de minerais rares dans des pays en guerre avec des décalages de prix exorbitants qui font que Jean a surtout l'impression que toute la fortune de la famille repose sur des injustices.

Non, décidément, Jean n'est pas fier d'appartenir à la famille Delâtre.

Bien entendu, Jean se retient d'aborder le sujet en famille. Son père est si fier de sa famille… et de son fils, le petit Jean, qu'il imagine déjà prendre la relève une fois qu'il aura terminé ses études. Marcel Delâtre a en effet déjà tout prévu pour lui. Une fois le collège terminé, il ira au Lycée Louis XIV à Paris, puis il intégrera soit une école de bijouterie en Suisse, soit une grande école de gestion pour reprendre ensuite la bijouterie. Ils seront associés au début, puis, petit à petit, le père cédera la place à son fils. Ce dernier aura lui aussi des enfants qui reprendront l'affaire pour qu'elle perdure encore et encore. La bijouterie Delâtre ne doit jamais disparaître.

Ce rêve, Marcel Delâtre le partage volontiers au cours des soirées familiales et des repas et Jean se retient bien de protester en public. Pourtant, si Jean a bien une conviction, c'est celle-là : il ne travaillera jamais dans la bijouterie. Il hait les bijoux, il hait l'entreprise de son père. Lui, ce qu'il veut faire plus tard, c'est s'occuper des arbres.

Il n'en a parlé à personne dans sa famille, personne ne le comprendrait.

Pendant les vacances, la famille Delâtre part séjourner dans la grande maison de famille en Normandie. C'est un manoir gigantesque avec une dizaine de pièces, un jardin somptueux et soigneusement entretenu par monsieur Igor.

Monsieur Igor est un personnage atypique, il vient de Russie et il a gardé un fort accent, alors qu'il vit en France depuis plus de 40 ans. C'est un jardinier hors pair et un grand artiste. Il taille les buissons avec une dextérité étonnante et peut les sculpter à sa guise. Ainsi, dans le jardin, il y a des buissons en forme de cygne, de renard ou de sanglier.

Jean adore monsieur Igor et c'est la seule raison pour laquelle il aime bien partir en vacances dans la maison de famille. Tous les jours, il le rejoint au jardin et le suit partout. Il a envie de tout apprendre de lui, car il partage la même passion pour les plantes et les arbres.

Au début, Marcel Delâtre le laissait faire, car un peu de botanique ne pouvait pas faire de mal à son fils. Mais dorénavant, il regarde cette amitié d'un autre œil. Il n'aime pas que son fils passe autant de temps avec le jardinier, car ce n'est pas une position convenable pour un Delâtre. Il préférerait que son fils l'accompagne à la mer pour rencontrer des gens importants, faire de la voile, sa deuxième passion après les bijoux, ou juste lire des livres en sa compagnie dans le salon 19e de la demeure.

Cette année, Marcel semble particulièrement excité en arrivant au manoir. Il a une grande nouvelle à annoncer, mais il veut attendre que toute la famille soit au complet.

Il le fait pendant le repas du soir, avec les oncles, les tantes et les cousins :

— Mon cher fils, j'ai une grande surprise pour toi !

Jean fronce les sourcils. Il n'aime pas les surprises de

son père.

— J'ai trouvé une école parfaite pour toi, la plus grande école de bijoutier au monde, à Genève. Tu peux y aller dès ta quatrième, l'année prochaine ! Ils t'ont accepté ! Tu vas apprendre à faire des bijoux avec les plus grands artistes !

Jean reste bouche bée. Toute la famille le regarde avec des grands sourires. Quelle chance s'écrie une tante, ah ça pour un cadeau dit le cousin, sa mère applaudit et sa sœur, qui est toujours un peu jalouse, dit qu'elle aurait bien aimé avoir un tel cadeau.

Jean, en son for intérieur, se sent soudainement très triste. Il déteste les bijoux.

— Alors, tu es content ? C'est un sacré cadeau !

Jean balbutie un oui, avant de replonger dans son assiette. Marcel détaille l'offre en insistant sur l'enseignement de qualité et le prix que ça lui a coûté.

Après le repas, Jean s'éclipse discrètement et court dans le jardin. Il ne fait pas encore nuit, mais le soleil s'est déjà couché. Igor est là, accroupi autour des salades.

— Ah mon petit Jean, comment va ?

— Bonsoir Igor. Vous faites quoi ?

— Je fais la chasse aux limaces ! Il y en a des centaines cette année.

— Vous les tuez ?

— Non, la vie est sacrée ! Mais je les mets dans ce seau

et après je les fais voyager de l'autre côté de l'étang, hop, juste assez loin pour qu'elles arrêtent de grignoter mes salades !

Il éclate d'un rire tonitruant qui résonne dans le soir.

— Qu'est-ce qu'il y a mon garçon, tu n'as pas l'air content d'être arrivé ?

— Si, si… mais mon père m'a inscrit pour un collège spécial l'année prochaine.

— Quel type de collège ?

— Un collège pour devenir bijoutier.

— Mais il sait que tu n'aimes pas les bijoux ?

— Ben…

— Tu ne lui as jamais dit ?

Jean secoue la tête. Il a tout raconté à Igor. Avec ses deux meilleurs copains du collège, il est le seul au courant de tout ce qu'il pense par rapport à sa famille.

— Je comprends, ça peut faire peur de dire à ses proches qui on est vraiment, peur qu'ils ne nous aiment pas comme on est. Mon père il était pareil, et c'est pour ça que je suis parti de Russie. Je ne l'ai jamais revu. C'est bien dommage quand même…

En disant cela, Igor reste un instant à regarder dans le vide.

— Igor, je ne veux pas y aller.

— Je sais mon garçon. Mais tu n'oses pas le dire à ton père.

Il secoue la tête à nouveau et des larmes commencent à couler sur son visage.

— Ok, ne pleure pas, voyons. Hum, cela nous laisse un peu de temps, j'ai une idée !

Le lendemain, Jean se lève avec un entrain renouvelé, il saute de son lit et court prendre son petit déjeuner. Personne n'est encore levé dans le manoir. Il finit son bol de céréales et court rejoindre Igor. Il a écouté son plan attentivement la veille et il adore. Il a hâte de le mettre à exécution.

Igor l'attend devant le hangar. Il lui tend une tenue de travail et lui demande :

— Tu es prêt ?

— Oui !

— Bien, allons-y.

Jean passe toute la matinée avec Igor. Ensemble, ils travaillent dur au jardin. Igor lui a proposé de préparer une parcelle juste pour lui un peu à l'écart.

Jean rentre au manoir à midi, exténué, tout sale, mais bien content. Son père le regarde d'un air suspicieux :

— Mais qu'est-ce que tu es allé faire pour te mettre dans un état pareil ?

— J'ai joué dehors, répond-il en baissant la tête.

Jean se dépêche de manger son jambon aux épinards et dès la fin du repas, il s'éclipse pour retourner dans le jardin.

Igor a mangé un sandwich à l'ombre d'un tilleul.

— J'ai juste besoin d'une petite sieste et on peut reprendre ensemble, d'accord ?

Pendant que Igor fait sa sieste, Jean continue de travailler la terre. Il a mis un grand chapeau pour se protéger du soleil et il s'affaire avec tout l'enthousiasme du monde.

Les jours se suivent et se ressemblent. Jean se lève à 7 heures pour prendre un petit déjeuner rapide et rejoindre Igor jusqu'à midi. Il reprend à 13h30 jusqu'à 18 heures. Son père est parti faire de la voile et le laisse tranquille. Sa mère aimerait qu'il sorte un peu de la demeure, mais il l'ignore sans trop de problèmes.

Igor lui enseigne tout ce qu'il sait, comment préparer la terre, comment l'amender avec du compost et du fourrage, comment faire un faux-semis pour désherber plus facilement avant de semer les graines, comment mettre en place un système d'arrosage autonome et faire des associations entre les différentes plantes. Jean apprend que certaines plantes possèdent des odeurs qui repoussent les insectes qui attaquent les autres. Ainsi, les poireaux aiment la compagnie des fraises et les tomates vont très bien avec les choux. Il consacre ensuite ses après-midis au soin des arbres et à la taille. Il apprend les différentes espèces et s'entraîne sur des buissons dans une partie abandonnée du domaine. Il se découvre une véritable passion pour le jardinage et la taille des arbres.

Au bout d'un mois de vacances, son jardin est terminé et il ne reste plus qu'à attendre que ça pousse. Il peut faire d'autres activités, lectures, ses devoirs et passer un peu plus de temps avec sa famille. Il accepte même de faire une sortie avec son père à la voile… même si celui-ci ne peut s'empêcher de parler de bijoux tout le temps.

Puis, un jour, alors qu'il ne reste qu'une semaine de vacances, monsieur Igor va chercher Jean.

— Il est temps mon garçon. Il faut que tu lui parles.

— J'ai trop peur.

— On fait comme on a dit. Tu l'invites dans le jardin et on lui explique tout. Je serai là. Tu verras, ton père est passionné de bijoux, mais c'est une bonne personne. Il comprendra.

Jean sent son ventre se nouer. Il n'est pas d'accord. Son père n'acceptera jamais, il va se mettre dans une colère terrible. Mais, il n'a pas le choix. Il doit lui dire la vérité.

Le lendemain soir, au moment de l'apéro, Jean se lève dans le salon et annonce :

— Excusez-moi tous, j'ai… euh… j'aimerais vous montrer quelque chose.

Le silence s'installe et tout le monde le regarde. Son père est particulièrement attentif et demande :

— Vas-y, montre-nous !

— C'est dehors, il faut me suivre.

Tout le monde accepte, sauf sa tante Myrtille qui a du mal à marcher et qui préfère rester dans le salon.

Jean leur fait traverser les jardins pour atteindre la partie sur laquelle il a travaillé et que personne ne connait, il faut contourner une haie et passer sous un porche abandonné pour y arriver.

— Je n'étais jamais venue ici, dit sa sœur.

— On y venait quand on était jeune, répond sa mère, à l'époque, nous avions plusieurs jardiniers… mais ça fait trop de travail maintenant alors…

Elle se tait brusquement en arrivant dans cette partie du jardin. Tout le monde se tait et regarde l'espace. C'est magnifique, les plantes ont commencé à pousser et il y en a déjà quelques-unes en fleurs, les planches sont toutes en rond de façon à former comme un soleil avec ses rayons, au centre, il y a un petit étang avec des joncs et des bancs autour pour s'installer. Les arbustes ont été taillés en bijoux et pierres précieuses, il y a des bagues, des pendentifs, des rubis.

— Mais qui a fait tout ça ? demande Marcel Delâtre, visiblement ému.

— Euh… c'est moi.

— Comment ça toi ? Depuis quand sais-tu… oh, c'est ce que tu faisais tout ce temps-là ?

Jean hoche la tête sans oser regarder son père dans les yeux.

— Mais je ne savais pas que tu aimais le jardin à ce point.

Tout le monde félicite Jean, mais ce dernier se sent trop intimidé pour répondre ou les regarder.

Son père s'en rend compte et s'approche de lui.

— Que se passe-t-il, quelque chose ne va pas. C'est vraiment très beau…

— Je ne veux pas faire de bijoux, lâche soudainement Jean en éclatant en sanglots et il part en courant en direction de la maison.

Igor intervient pour expliquer ce qu'il sait à Marcel qui l'écoute attentivement.

Marcel va retrouver Jean dans sa chambre. Il toque à la porte, mais pas de réponse. Il ouvre et découvre son fils dans son lit, sous la couverture.

— Jean. Je suis désolé de t'avoir mis cette pression… Igor m'a tout raconté. Je… je ne veux pas te forcer à être bijoutier, c'est juste que j'aime tellement ça… je pensais que tu aimerais aussi… mais si c'est le jardin que tu veux faire, tu peux.

— Jean sort la tête de sous la couverture et s'étonne.

— C’est vrai ?

— Mais bien sûr, tu ne m’en avais juste jamais parlé.

Jean se jette dans ses bras, soulagé et heureux.

# ET TOI ?

Quels sont tes rêves les plus chers ?

……...…………………………………………………………………

……………………………………………………………………………

……………………………………………………………………………

……………………………………………………………………………

……………………………………………………………………………

Te sens-tu empêché de les suivre par ton entourage ?

……...…………………………………………………………………

……………………………………………………………………………

……………………………………………………………………………

……………………………………………………………………………

……………………………………………………………………………

# QUIJAM ET LA FORME DE VIE MYSTÉRIEUSE

Comme tous les passagers de Solaris 345, Quijam ressent parfois beaucoup de nostalgie en pensant à la Terre. Elle lui manque, même si ces dernières années, elle n'était que l'ombre d'elle-même. Le ciel était toujours gris, l'air quasiment irrespirable, les rivières asséchées, les arbres recroquevillés sur eux-mêmes, les champs rasés.

Reste que c'était leur Terre, leur maison.

Ce qui manque le plus à Quijam, ce sont les nuages. Même quand le ciel a commencé à se teindre de gris à cause de la pollution et que les éclaircies bleues se sont faites de plus en plus rares, il aimait contempler les nuages qui glissaient dans les airs. Il avait appris par cœur leurs noms et les stratocumulus, les cirrus, les cirrostratus, les nimbostratus et les cumulonimbus n'avaient plus de secrets pour lui.

Ici, dans l'espace, il n'y a pas de nuages. Quand tu regardes par le hublot, tu vois presque toujours la même chose. Du noir, des étoiles, des galaxies, des planètes. C'est très beau, c'est même un spectacle magnifique dont Quijam ne se lasse pas. Mais les nuages lui manquent.

Quijam a 13 ans. C'est sa troisième année dans l'espace. Trois ans déjà, il a du mal à réaliser. Son petit frère ne se rappelle même plus de la Terre. Il vient d'avoir 5 ans et c'est comme s'il avait passé toute sa vie dans l'espace.

Ils sont très nombreux sur Solaris 345, des milliers. À l'école, Quijam a appris qu'ils ont tous été sélectionnés sur Terre pour aller coloniser une autre planète qui est très très loin. Il y a 18 ans de voyage au total. Sa famille a été choisie parce que sa maman est une ingénieure spécialisée dans la biologie et ils auront besoin d'elle sur la nouvelle planète. La planète s'appelle Eau.

Ce sont des Allemands qui ont choisi ce nom. Le professeur de géographie dit qu'ils ont voulu réparer l'injustice qui a donné le nom Terre à notre planète alors qu'elle est recouverte de beaucoup plus d'eau. Cette nouvelle planète est presque comme la Terre, sauf que les jours durent 18 heures et qu'il y a 6 saisons. Hiver, printemps, été, été indien, automne, Neigaire. Les températures varient entre -60 en Neigaire et +15 en été. Il fait plus froid que sur Terre, et c'est pour ça qu'il fait toujours froid dans la station spatiale, c'est pour s'habituer.

Ce que Quijam ne comprend pas, c'est comment tous ces experts sont au courant de ça alors que personne n'est encore allé là-bas. La professeure d'astronomie dit que ce sont les sondes qui ont été envoyées là-bas qui permettent de connaître un peu mieux leur futur habitat.

Tout le monde sur la station spatiale est très content d'être ici. La vie est douce et confortable, surtout si on la compare avec les conditions sur Terre qui étaient devenues très difficiles. Dans l'espace, il n'y a pas besoin de porter de masque à oxygène en extérieur, la nourriture est abondante, il n'y a pas de vols ou de crimes et tout le monde est au même niveau. Il était devenu impossible de marcher dans une rue sans se faire accoster toutes les 5 minutes par une personne en détresse.

Vue de l'espace, la station spatiale est très rigolote. Elle a été conçue comme un anneau géant qui tourne sur lui-même. Au début, Quijam, comme beaucoup de ses camarades, n'avait vraiment pas envie de vivre dans un Donut géant. Il trouvait ça nul. Il aurait préféré un vaisseau comme dans Star Trek ou Star Wars. On lui a expliqué que la station avait une allure de Donut pour compenser les effets de la gravitation. Quand on est dedans, on ne sent rien, c'est comme sur la Terre qui tourne très vite, 1615 km/h ils ont dit en classe, alors qu'on ne sent rien du tout quand on est dessus. Quijam n'a pas cherché à en savoir plus. Il n'aime pas trop les matières scientifiques. Lui, plus tard, il veut être musicien ou cuisinier.

Solaris 345 a tout ce qu'il faut. Il y a de grandes salles avec des arbres et des plantes, de l'eau et des gens qui marchent dans tous les sens, des immenses réfectoires, des serres où ils font pousser des légumes et des fruits, il y a plusieurs écoles, une université où Quijam ira, des bureaux, des entreprises. C'est assez incroyable quand on y pense, mais pour Quijam et les autres enfants qui vivent ici, c'est devenu très banal de vivre dans un Donut géant qui voyage à travers l'espace. Et certains jours, comme aujourd'hui, c'en est même lassant.

Quijam est donc face à son hublot, dans un recoin du Donut géant où jamais personne ne vient le déranger. Il se sent un peu triste. Il aimerait voir des nuages pour lui remonter le moral, mais il n'y a que des étoiles. Il a les yeux rivés sur l'Univers, quand quelque chose attire soudainement son attention. Il aperçoit une lumière au loin qui les suit. Il écarquille les yeux pour mieux voir, quand la lumière disparaît subitement.

Un horrible pressentiment l'assaille. Il se relève et court voir son prof d'astronomie qui vit juste à côté de chez lui, dans le même bloc. Tout excité, il tambourine à la porte.

— Monsieur Martin, monsieur Martin ? Vous êtes là ?

Il tambourine de plus belle, attirant l'attention des autres habitants du bloc. Un monsieur qui ne sourit jamais ouvre sa fenêtre pour voir qui fait tout ce bruit.

— Désolé Monsieur, je dois juste parler à monsieur Martin.

Finalement, une voix se fait entendre.

— Que se passe-t-il, qui est-ce ? demande monsieur Martin par l'interphone.

— C'est Quijam, Monsieur, j'ai vu une lumière dans l'espace, je… je crois que c'est un autre vaisseau !

— Allons bon, répond le professeur en ouvrant la porte. Bonjour Quijam, qu'est-ce que tu me racontes ?

— Je regardais l'espace par le hublot sur la passerelle intermédiaire, et j'ai vu une lumière et d'un coup elle a disparu. Je peux vous montrer où.

Et sans demander la permission, Quijam pénètre chez le professeur et s'approche de sa fenêtre.

— Regardez, c'était là, entre Betelgeuse et Cassiopée. Une lumière bleue et blanche, c'était pas une comète, je suis sûr que c'était un vaisseau !

— Voyons, ce n'est pas possible, nous sommes les seuls…

— C'est peut-être des extraterrestres, des…

— Voyons, Quijam, on en a déjà parlé. Il n'y a pas,

enfin, nous n'avons jamais eu vent de l'existence de quelqu'un d'autre dans cet Univers. Et pourtant, Dieu sait que nous avons cherché !

— Mais je vous jure que je n'ai pas rêvé…

— Oui, je te crois. On peut toujours aller demander à l'observatoire, s'il y a eu quelque chose, ils l'auront vue.

— Ok, allons-y.

— Attends Quijam, attends ! Il est un peu tard je pense. Tu ne devrais pas être en train de faire tes devoirs ?

— S'il vous plaît.

Le professeur regarde derrière lui, son chat qui dort sur le canapé et son émission de télévision en pause.

— Bon, j'imagine que tout ça peut attendre.

L'observatoire est ouvert 24 heures sur 24, mais son accès est restreint. Le professeur a le droit d'y aller et il réussit à convaincre le vigile de faire entrer Quijam. Il n'en croit pas ses yeux. C'est la première fois qu'il y rentre et il hallucine en voyant la grande baie vitrée qui permet de voir l'espace comme jamais auparavant.

— Ouah, c'est génial !

Il court vers la baie vitrée mais le professeur l'appelle.

— Arrête Quijam, reste tranquille s'il te plaît. Bonjour Max, désolé d'arriver comme ça, mais Quijam ici présent, qui est un brillant élève de ma classe, a vu une lumière suspecte dans la zone 421. Auriez-vous vu quelque chose ?

— Pas de problème, Ben. Mais nous n'avons rien vu à ma connaissance. Quel type de lumière mon garçon ?

— C'était une lumière bleue et blanche, et elle a disparu d'un coup.

— Tu es sûr que ce n'était pas une étoile filante ou...

— Sûr, c'était très proche, comme si ça nous suivait. Et ça a disparu quand j'ai commencé à bien la voir, comme si elle savait que je l'avais vue !

Le professeur lève les épaules en regardant son ami qui hoche la tête.

— Nous n'avons rien vu ici, mais merci de nous prévenir. On ne sait jamais. Nous allons rester vigilants. Je dois retourner travailler désormais. Bonne fin de journée.

Le professeur ramène Quijam légèrement dépité.

— Vous ne me croyez pas, c'est ça ?

— Ce n'est pas ça. Mais tu sais, nous autres scientifiques avons toujours besoin de preuve.

Le lendemain, juste après l'école, Quijam retourne à son poste d'observation. Il scrute longtemps l'espace sans rien voir. Mais il ne se décourage pas. Quijam se moque des avis des autres. Il sait ce qu'il a vu. Il y retourne le jour d'après et encore celui d'après. Toujours rien.

Quijam est sur le point d'abandonner quand soudainement, la lumière apparaît à nouveau, cette fois-ci dans un autre endroit, vers Myriade et la constellation qui ressemble à une chaise. Vite, il saisit son téléphone pour enregistrer une vidéo. La lumière disparaît aussitôt, mais il s'en fout, il a réussi à la filmer pour une demi-seconde.

Il se précipite chez son professeur pour tambouriner à la porte.

— Professeur, professeur, ça y'est, j'ai une preuve !

Le professeur ne répond pas. Il ne semble pas être là. Quijam fait le tour du bloc, il va voir au réfectoire et il le voit en train de manger avec des amis.

— Professeur !

— Ah, Quijam, qu'est-ce qui se passe cette fois-ci, répond-il visiblement gêné devant ses amis.

— J'ai une preuve. Regardez !

Il lui met le téléphone sous les yeux.

— Je ne vois rien, juste l'espace.

— Attendez, je mets sur ralenti, regardez bien au début juste là, vers Myriade.

Le professeur met ses lunettes et envoie un sourire surfait à ses amis. Puis, en regardant l'écran, son visage se fige.

— Vous avez vu ?

— Euh… oui, je crois. Il faut analyser ça, ce n'est peut-être qu'une illusion d'optique. Excusez-moi mes amis, je crois que nous avons une urgence. Viens Quijam, retournons à l'observatoire.

Sur le chemin, monsieur Martin envoie un message à

Max pour qu'il le rejoigne devant l'observatoire. Ensemble, ils pénètrent à l'intérieur et Max prend le portable de Quijam pour transférer la vidéo sur son ordinateur.

Tous les scientifiques du laboratoire se sont approchés pour regarder. La vidéo n'est pas de très bonne qualité, mais avec les logiciels puissants du laboratoire, il est possible d'éclaircir l'image. La lumière apparaît très clairement à l'écran et sa disparation provoque la consternation des scientifiques. Ils n'ont jamais rien vu de pareil.

— Alors demande Quijam ? C'est quoi ? Un vaisseau ?

Max se relève, l'air inquiet.

— Non, ça ne peut pas être un vaisseau, mais c'est quelque chose. Tu as fait une découverte importante, mon garçon. Nous devons absolument retrouver cette lumière.

En sortant du laboratoire, Quijam sautille dans le couloir.

— Vous avez-vu monsieur Martin, j'avais raison !

— Oui, je te félicite pour ta persévérance.

Les années passent. La lumière apparaît toujours de temps en temps, mais personne n'est capable de l'analyser. Dès qu'un regard ou qu'une caméra se tourne vers son emplacement, elle disparaît aussitôt. Il y a un millier de morceaux de vidéos qui ne durent pas plus d'une seconde et qui sont insuffisantes pour trouver l'origine de cette lumière.

De nombreuses théories circulent dans le Donut géant, mais aucune n'est satisfaisante. La théorie d'un vaisseau continue de faire parler, mais d'autres préfèrent y voir un phénomène naturel lié au gaz de l'Univers. Enfin, les plus croyants y voient une manifestation de Dieu, un message qu'il faut décoder.

Quijam a bien grandi. Il est devenu un jeune homme très avisé. Pendant plusieurs années, il a continué d'observer la lumière depuis sa fenêtre et il a essayé plusieurs manières de rentrer en contact avec elle. Un jour, il a eu une sorte d'épiphanie. La lumière ne voulait manifestement ne pas être vue, mais peut-être avait-elle envie d'être entendue ?

Après avoir intégré le laboratoire scientifique, il a braqué les écouteurs sur la zone où la lumière apparaissait généralement. Tout le monde disait qu'il était fou. En effet, il est connu que le son ne se propage pas dans l'espace… mais il se trouve que ce constat est faux. Ce sont juste les humains qui ne le perçoivent pas.

Quijam a enregistré des fréquences et entendu un message. Il a fallu encore de longs mois avant d'arriver à déchiffrer le message. La lumière était bien une présence extra-terrestre. Elle était bienveillante et voulait les aider. Grâce à la découverte de Quijam, les scientifiques reçurent une formule permettant de se déplacer dans l'espace plus rapidement en utilisant la réflexion de la lumière.

Quijam ne put jamais voir la lumière ni avoir un contact direct, comme aucun autre humain. Mais sa découverte a permis d'accélérer le voyage et une fois installés sur la planète Eau, ils pourront faire venir tous les autres habitants de la Terre plus rapidement.

## ET TOI ?

Quand tu ne réussis pas quelque chose du premier coup, abandonnes-tu facilement ou es-tu persévérant, comme Quijam ?

………...………………………………………………………

……………………………………………………………………

……………………………………………………………………

……………………………………………………………………

Cite une chose qui t'a rendu fier, et qui n'était pas gagnée d'avance, mais que tu as réussie avec de l'effort et de la persévérance.

………...………………………………………………………

……………………………………………………………………

……………………………………………………………………

……………………………………………………………………

……………………………………………………………………

# MAX ET KADER

Max a 12 ans et il vient d'entrer au collège. Max aime les jeux vidéo, les jeux vidéo et encore les jeux vidéo. Accessoirement, il aime aussi manger, les pâtes au jambon et au fromage, son plat préféré, boire du Fanta et lire. Il aime surtout les livres de science-fiction, tout comme ses jeux préférés sont tous des jeux qui se déroulent dans le futur.

Max n'aime pas dormir, il a l'impression que c'est une perte de temps. Il n'aime pas non plus l'école, il a souvent l'impression que c'est trop facile et que c'est trop long. Il aime sa petite sœur, même si elle l'agace beaucoup, surtout quand elle veut jouer avec lui sur l'ordinateur et qu'il doit lui répéter dix fois que ce n'est pas un jeu pour enfant. Il aime beaucoup sa maman qui est la plus gentille des mamans et qui, contrairement aux autres mamans, le laisse jouer aux jeux vidéo tous les jours. Elle aimerait qu'il passe moins de temps sur l'ordinateur, mais elle est infirmière et elle n'est pas souvent là. Elle n'a pas le choix. Sa grand-mère, quand elle vient, lui interdit de jouer et insiste pour faire des jeux de société. Max déteste les jeux de société, mais ce n'est qu'une fois par semaine, le mercredi, quand maman travaille et qu'il n'y a pas école.

Max adore les jeux vidéo parce qu'il trouve que la vie est nulle. Son papa est parti quand il était tout petit et n'est jamais revenu. Les papas c'est nul, ils sont soit partis, soit violents comme le papa de son ami Kader, soit absent comme le papa de Ju qui dit que son papa est comme un fantôme. L'école c'est nul aussi, surtout le collège. Il faut beaucoup travailler et les notes ne sont jamais assez bonnes. Mais ce qui est le plus nul, c'est le monde. Sa maman, sa grand-mère, les présentateurs de la télévision, les professeurs, tout le monde dit tout le temps que l'avenir va être très compliqué.

Compliqué ? Max déteste ce mot. Ils parlent tout le temps du changement climatique, avec les sécheresses et les tsunamis, de la guerre en Ukraine qui continue et de la Chine qui envahit l'Afrique, des politiciens qui ne font rien et ne pensent qu'à faire de l'argent, du covid qui menace à nouveau et d'autres épidémies. Ça n'en finit plus. Quand il entend parler de tout ça, Max se lève de table, dit qu'il n'a plus faim ou qu'il va faire ses devoirs et il va s'enfermer dans sa chambre. Il ouvre son ordinateur et lance son jeu favori : Space conquest.

C'est le meilleur jeu du monde et Max l'adore. Il joue en ligne avec d'autres gens, des jeunes du monde entier qu'il ne connaît pas. Kader est son copilote. À eux deux, ils dirigent une mission d'exploration de l'espace. Ils doivent découvrir des planètes, résoudre des énigmes pour aider les populations locales et trouver la planète qui pourra accueillir les terrains. Car dans ce jeu, comme dans la réalité, le monde est pourri et la Terre va disparaître.

Un jour, alors que Max est sur son jeu, avec Kader, et qu'ils volent en direction de la planète Mapouche 345 dans le système solaire Andromeda, un message étrange apparaît dans le chat :

*« SOS – need explorer for real life »*. Dans le message, il y a aussi un lien.

Le message est adressé à Max mais il provient d'un utilisateur qu'il ne connaît pas. Max copie le texte dans son traducteur : « *SOS – Besoin d'un explorateur pour la vie réelle* ». Il en parle immédiatement à Kader qui n'a pas reçu de message.

— Je sais pas de qui c'est.

— C'est peut-être un virus, fais gaffe !

— Un virus ? Non, le chat est sécurisé.

Max hésite un court instant, puis il clique finalement sur le lien. Une nouvelle fenêtre s'ouvre sur son navigateur. C'est Google Maps avec des coordonnées. Max s'approche de son écran, tout ébahi. Il connaît ce lieu, c'est dans le parc juste derrière l'école.

— Kader, c'est trop chelou. Le lien c'est une localisation GPS.

— Ah ouais ? Et ça montre où ?

— Le parc Blandin.

— Non ? Sérieux.

— Je te jure. Faut qu'on aille voir.

— T'es sérieux ? Mais si c'est un piège ?

— Un piège ? De quoi tu parles ? Une attaque des Krog ?

— Non mais… c'est bizarre, non ?

— On verra demain. Faut que je te laisse de toute façon, c'est l'heure du repas.

Pendant le repas, Max mange très vite. Il y a une seule règle avec sa maman : pas de jeux après le repas du soir. Après le repas, il regarde un peu la télé avec sa sœur et sa mère puis va dans sa chambre pour lire. Au moment de s'endormir, il pense au message. Il a répondu en demandant qui c'était, mais il n'y a pas eu d'échanges. Juste ce lien. C'est vraiment très étrange.

Le lendemain, après le collège, Kader retrouve Max à

l'entrée du parc.

— Tu es prêt ?

Kader secoue la tête. Il est très peureux et il préférerait rentrer chez lui et reprendre la partie là où ils l'avaient laissée. Kader déteste le sport et il n'aime pas marcher. Et en plus, il n'aime pas ce parc. Il y a toujours ces gens bizarres qui se baladent là-bas.

— Allez, arrête d'avoir peur. C'est sûrement une blague de quelqu'un. J'ai pris mon portable, regarde, le point GPS est situé juste de l'autre côté de l'étang.

Les deux amis longent le petit bois, contournent l'étang tout vert avec un couple de canards en train de se prélasser au soleil et le GPS les emmène au pied d'un arbre.

— Tu vois quelque chose ?

— Rien, répond Kader en regardant craintivement autour de lui. Je t'avais dit que c'était un piège.

— Arrête avec ça, peut-être que… oui, regarde là-haut. Faut monter à l'arbre. Fais-moi la courte échelle.

Kader rechigne mais finit quand même par accepter d'aider Max qui se hisse jusqu'à la première branche. Au prix d'efforts conséquents, il réussit à monter dans l'arbre. Il y trouve une boîte en métal de petits biscuits au beurre. Il la jette à Kader.

— Attends avant de l'ouvrir et aide-moi à redescendre.

Une fois en bas, ils s'assoient tous les deux au bord de

l'étang avec la boite à biscuits. Kader regarde autour de lui.

— Je suis sûr qu'on nous regarde. On devrait l'ouvrir chez toi.

— C'est bon, Kader, fais pas ta chochotte. Allez, je l'ouvre.

Max est un peu déçu en l'ouvrant. Il y a juste un papier plié en deux.

— C'est tout ? Tout ça pour ça.

— Ouais. Il y a quelque chose d'écrit dedans.

« La Terre est en danger. Elle suffoque, nous avons besoin de votre aide ! »

Première mission : Rendez-vous au 13, rue de la Pitié avec un sac poubelle rempli de déchets du parc ».

— Mais qu'est-ce que... quelqu'un se fout de notre gueule !

Max reste perplexe. Ça ressemble à une grosse blague. Mais en regardant autour de lui, il voit qu'il y a plein de déchets dans le parc. C'est dommage, c'est un beau parc. Il aimait bien venir ici quand il était petit. Il s'en souvient encore. Il y a une aire de jeux un peu plus loin et il venait donner à manger aux canards avec sa maman pendant que sa petite sœur dormait dans la poussette.

— Pas moyen que je ramasse des poubelles. On se tire ?

Mais Max ne bouge pas.

— Max ? Tu vas quand même pas...

— Si Kader, j'ai trop envie de savoir qui nous a envoyé

ça. Demain, on le fait, d'accord ?

— Mais il y a des gens qui sont payés pour ça ! Moi je suis pas éboueur.

— Comme tu veux, mais moi je viens.

Le lendemain, juste après les cours, Kader suit Max d'un pas lancinant. Ils ont mis des gants et ils commencent par nettoyer les bords de l'étang. Très vite, ils remplissent un premier sac poubelle.

Ensuite, ils longent la haie. Ils y trouvent encore plein de déchets, des bouteilles en plastique, des canettes de bières en aluminium, des emballages de chips et de gâteaux, des tickets de caisse. Kader est dégoûté par tout ce qu'il voit et il rechigne à les toucher du doigt, malgré les gants. Mais Max est son meilleur pote et il n'est pas du genre à le laisser tomber. Il doit bien admettre aussi que ça le rend curieux toute cette histoire.

Une fois les sacs remplis, Max et Kader se dirigent vers l'adresse indiquée. Elle est située au centre-ville. Hors de question de prendre le bus avec les sacs poubelles ! Ils décident donc d'y aller à pied, même si le trajet est long. Kader a un peu honte et il espère que personne du collège ne les verra. Max est tout excité, il se demande qui a envoyé le message. Il imagine des extra-terrestres qui ont infiltré le jeu ou même des agents du gouvernement… mais il se doute bien que ce n'est pas ça. Il n'est malheureusement pas dans un de ces films de science-fiction qu'il aime tant.

Au 13, il y a une vitrine opaque où on ne peut pas voir à l'intérieur et un logo en forme de planète avec écrit en dessous : « Une seule Terre ».

Max est tout excité. Il appuie sur la sonnette. Kader reste prudemment derrière lui.

Personne ne vient ouvrir la porte. Kader, qui a très envie de partir, dit :

— Y'a personne, viens on s'en va.

— Attends ! répond Max qui a entendu quelque chose.

Une petite trappe métallique s'ouvre sur le côté de la porte et une enveloppe en sort et tombe par terre.

— Eh attendez ! Qui êtes-vous ? demande Max en vain.

Personne ne répond. Il sonne à nouveau, mais rien ne se produit. Kader ramasse l'enveloppe et l'ouvre.

— J'y crois pas ! Ils se foutent de notre gueule. Regarde !

Max prend la lettre et lit :

« Merci pour ton service. Tu peux déposer les sacs ici.

Deuxième mission, trouve un ami avec qui partager cette aventure et va chercher l'artefact qui t'attend au pied du mont Barrin. »

— Le mont Barrin ? Mais c'est dans la forêt.

Les yeux de Max brillent. Artefact ? Qu'est-ce que ça

peut-être ?

— Vite, il faut y aller !

— Maintenant ? Mais c'est bientôt l'heure de manger.

— Oui, tu as raison. Demain, c'est mercredi. Rendez-vous à 14 heures devant chez moi !

— Mais…

Les protestations de Kader sont vaines. Son meilleur ami a pris sa décision et il sait bien qu'il ne pourra pas le faire changer d'avis. Max est bien trop têtu pour ça.

Le lendemain, Max l'entraîne dans la forêt. Au début, Kader traîne des pieds et se plaint tout le temps. Mais au fur et à mesure qu'ils pénètrent dans la forêt, son humeur s'éclaircit. Il fait attention aux arbres autour de lui, aux buissons et il croit même voir un animal à un moment donné. Il doit bien admettre que la balade est plus agréable que ce qu'il ne pensait. Il y a un sentier qui les fait passer par des endroits très beaux. Une petite rivière à l'eau translucide, un énorme rocher qui doit être là depuis des milliards d'années, un arbre immense qui s'élève jusqu'au ciel. Arrivés au pied du mont Barrin, Kader et Max sont très joyeux. Ils s'assoient sur une pierre pour reprendre leur respiration.

— Je savais pas que c'était aussi beau ici. Pourquoi on vient jamais ?

— Je sais pas Kader. Mais c'est vrai que c'est vraiment beau. Et on se sent bien.

— Et l'artefact mystérieux, il est où ?

— Je sais pas il faut chercher.

Ils regardent autour d'eux et s'approchent de la falaise. Il y a une petite grotte un peu plus loin et au fond de la grotte, une boite à biscuits.

— Regarde !

C'est Kader qui est tout excité cette fois-ci et qui se précipite à l'intérieur. Dans la boîte, il y a un autre message :

« Bravo ! Quelle aventure !

Troisième mission : dimanche, c'est le jour de la planète. Convainc tes parents de ne pas prendre la voiture et d'éteindre tous les appareils électriques pour aller dans le parc.»

Kader et Max se regardent. Ils n'y arriveront jamais !

Kader a effectivement beaucoup de mal à convaincre son père. C'est son seul jour de congé, il veut aller à la pêche et il y a le Grand Prix à la télévision. Il refuse de venir. Sa mère par contre est enchantée par l'idée et elle convainc même sa sœur d'y aller avec eux.

Max, en revanche, n'a aucun problème pour convaincre sa mère qui se réjouit de la proposition.

— Pas d'électricité toute la journée ! Et une sortie au parc, mais tu es malade mon petit Max ?

Ils se rejoignent tous au parc le dimanche. Il y a plein

d'autres personnes, des gens ont sorti des instruments et jouent de la musique, il y a une petite estrade en palette et des jeux organisés pour les plus jeunes. Max est fasciné. Mais qui a organisé tout ça ?

Ils s'installent sur une couverture au bord de l'étang qui a été nettoyé par Max et Kader. Max n'est pas peu fier de le dire à sa maman qui est tout étonnée. Il lui raconte l'histoire des messages mystérieux et c'est à ce moment-là qu'une voix retentit.

Un homme est monté sur l'estrade. Il a des cheveux blancs, mais il n'a pas l'air très vieux.

— Mesdames et Messieurs, merci d'être venus aussi nombreux et nombreuses. Et un grand merci aux aventuriers de l'espace qui vous ont amenés ici. Aujourd'hui, nous célébrons le jour de notre belle planète. J'ai parcouru plein de galaxies pour trouver des aventuriers dignes de ce nom !

Vous pouvez être fiers de vos enfants. Ils ont su sortir de leurs jeux vidéo pour rendre service à la Terre !

Un jour peut-être, nous partirons dans un autre monde, une autre planète, mais d'ici-là, il faut prendre soin de celle-ci. Et c'est pour cela que je vous ai réunis. Nous avons toute une liste de petits gestes quotidiens faciles à faire. Mais avant ça, j'ai l'honneur de vous présenter un concert…

Max écoute avec attention. Sa mère le prend dans ses bras et lui dit qu'elle est fière de lui. Max est très content. Et alors que la musique s'élève dans le ciel clair, il regarde les nuages en se disant que le monsieur a raison. La Terre est vraiment belle et elle mérite qu'on prenne soin d'elle.

# ET TOI ?

Es-tu accroc aux jeux vidéo ? Si oui, qu'est-ce qui te plait particulièrement dans les jeux vidéo ?

……………………………………………………………………

……………………………………………………………………

……………………………………………………………………

……………………………………………………………………

Si tu étais nommé aventurier de l'espace, comme Max, quelles seraient les 3 actions que tu mènerais pour sauver la planète ?

……………………………………………………………………

……………………………………………………………………

……………………………………………………………………

……………………………………………………………………

……………………………………………………………………

……………………………………………………………………

# LÉO N'AIME PAS LE JARDIN

Au collège, tout le monde est très joyeux pour le dernier jour de l'année. Dans quelques heures, les grandes vacances commencent ! Chacun parle de ses plans, des voyages prévus, des parties de consoles sans interruption pendant que les parents travaillent, des colonies de vacances. Tout le monde se réjouit… sauf une personne, Léo.

Léo déteste les grandes vacances. Elles sont synonymes d'ennui, de chaleur, de longues après-midis à attendre qu'il fasse plus frais et, surtout, de grand-mère. Ses deux parents sont très occupés en été et ils n'ont pas de vacances. Résultat des courses, Léo passe ses vacances chez la grand-mère la plus bizarre de tout l'univers.

Tout d'abord, elle est très, mais très vieille. Elle a des rides aussi profondes que des fissures, des cheveux plus blancs que la neige et la peau des mains toute fripée.

Ses habits semblent venir d'un autre temps, de véritables costumes d'époque, comme dans les films. Elle dit que c'est parce qu'elle a travaillé dans le cinéma en tant qu'habilleuse par le passé.

Mais ce qui est le plus bizarre chez elle, ce sont ses manières. Elle marche toujours pieds nus, même dehors, qu'il fasse froid, qu'il pleuve, peu importe. Elle rigole très fort et d'une manière explosive qui fait toujours sursauter Léo et pour des raisons idiotes. Un oiseau qui s'envole, une sauterelle qui vient sur elle, un nuage qu'elle trouve rigolo, lorsque l'horloge indique deux mêmes numéros… la liste est longue. Enfin, clou du spectacle, elle ne peut pas s'empêcher de chanter quand elle marche, même quand elle est entourée de plein de gens. Léo ne veut plus jamais aller au marché avec elle pour ça, elle lui fait trop honte.

Léo quant à lui, est tout l'inverse. Introverti, il ne fait pas beaucoup de bruit en général. Il marche silencieusement et ne tape jamais du pied. Il n'a jamais marché pieds nus de sa vie, il a toujours des chaussures, des chaussons et même des sandales pour prendre sa douche. Il n'aime pas le contact de la peau des pieds avec le sol. Il ne rigole jamais à voix haute, son rire est toujours étouffé, comme s'il en avait honte. Il s'habille de la manière la plus classique qui soit en copiant ses amis et il ne chante pas. Il n'aime pas le son de sa voix.

Léo aime quand même des choses : les jeux vidéo, le Nutella, les amis, l'école (en opposition aux grandes vacances), le bruit de la pluie contre les carreaux et le sifflement du vent.

Quand Leo arrive au village de sa grand-mère, elle l'accueille en le serrant bien fort dans ses bras.

« Tu deviens un homme mon garçon, regarde-moi ça ! Tu vas pouvoir m'aider au jardin cette année ! »

Il la regarde sans répondre. Léo n'aime pas le jardin et encore moins les légumes qui y poussent.

Il monte directement dans la chambre du haut qu'il connaît par cœur. Sa grand-mère n'a eu qu'une enfant, sa maman. Il n'a pas de cousins. Il s'affale sur le lit en soupirant. Deux mois d'ennuis l'attendent. Il a supplié sa maman de lui acheter un portable juste avant, mais elle a refusé. Sa grand-mère est soi-disant électrosensible. Elle ne supporte pas les ondes. C'est pour ça qu'il n'y a pas d'ordinateur chez elle, ni même une télé. Juste des livres, un poste de musique et, bien entendu, son jardin où elle passe le plus clair de son temps.

Les premiers jours, Léo reste enfermé dans sa chambre. Il n'en sort que pour aller aux toilettes et manger. Sa grand-mère ne dit rien. Elle le connaît bien et, selon sa philosophie de vie, il ne faut jamais rien forcer. « Toute chose arrive en son temps » est écrit en grosses lettres capitales à l'entrée de la maison. Elle cuisine des petits plats avec amour en prenant bien soin de mixer les légumes avec la sauce tomate, car elle sait que son petit-fils n'aime soi-disant pas les légumes. Elle va dans son jardin tous les jours. Parfois, elle lève les yeux et elle l'aperçoit par la fenêtre en train de la regarder. Elle fait comme si elle ne le voyait pas.

Le deuxième jour, c'est jour de marché. Elle prépare ses affaires et de derrière la porte de la chambre, elle demande à Léo s'il veut l'accompagner. « Jamais de la vie » murmure Léo.

— Non, mamie.

— Tu as besoin de quelque chose en particulier ?

— Non, mamie.

— Tu es sûr ?

— Une console de jeux ?

— Ah, que tu es drôle ! A tout à l'heure.

Au matin du quatrième jour, Léo, qui commence à en avoir sérieusement marre de rester enfermé, décide de sortir de sa chambre. Il descend dans la cuisine, mais pour la première fois, la table n'est pas mise et rien n'a été préparé. « Étrange » se dit Léo. Il vérifie les pièces de la maison en appelant sa grand-mère.

— Mamie, mamie ? Tu es là ?

La porte d'entrée est fermée et les clés sont sur la serrure. « Elle n'est pas sortie » se dit Léo avant de constater que la porte de derrière est entrouverte. C'est celle qui mène au jardin. Elle doit y être, comme d'habitude.

Il n'aime pas aller au jardin, ça sent fort la tomate crue, il a horreur de la tomate, sauf en sauce. Il y a aussi plein d'insectes qui virevoltent partout, des araignées suspendues aux feuilles et des moustiques.

— Mamie, tu es là ?

Il s'avance un peu et il trouve sa grand-mère allongée sur le sol, les yeux fermés.

— Mamie ? ça va ?

En s'approchant, elle se réveille et dit :

— Oh, je suis tombée, aide-moi à me relever.

Léo la prend par l'épaule et l'aide à se relever. Il l'emmène ensuite dans sa chambre.

— Tu veux que j'appelle le médecin ?

— Non, non… ne t'inquiète pas, c'est juste une petite chute. Je suis un peu surmenée ces derniers temps et avec la chaleur, je ne tiens plus.

– Oui, il vaut mieux que tu te reposes.

– Mais tu dois avoir faim, non ?

— Ne t'inquiète pas. Je peux le préparer, le petit-déjeuner.

– C'est vrai ? Oh, tu es un amour.

Léo n'aime pas voir sa grand-mère dans des états pareils. Ça ne lui ressemble pas. Il en est tout chamboulé. Il retourne dans la cuisine pour préparer un petit-déjeuner. Il sait ce qu'elle aime, de l'avoine bouillie, un thé à la menthe et du pain de seigle avec de la crème de sésame. Que des aliments qu'il déteste, mais ce matin, il les prépare avec amour, les met sur un plateau et les amène à sa grand-mère.

— Oh, tu es vraiment adorable mon petit Léo. Merci.

Il retourne se préparer son petit déjeuner, deux bols de céréales avec du lait et un verre de jus d'orange.

Elle lui demande ensuite de mettre de la musique. Puis ensemble, ils lisent. Léo sent que ça fait du bien à sa grand-mère. Il se sent fier de l'aider et de l'accompagner. Elle va de mieux en mieux. À midi, Léo cuisine des pâtes à la sauce tomate en suivant les recommandations de sa grand-mère qui les lui crie depuis sa chambre.

Pour le soir, il lui suffit de réchauffer une soupe qui est dans le frigo.Ils mangent ensemble sur le lit de la grand-mère qui lui raconte des histoires d'avant. La plupart des histoires sont loufoques et font rire Léo.

Le lendemain, juste après le petit déjeuner que Léo a à nouveau préparé, sa grand-mère lui dit :

— Écoute, ça va mieux aujourd'hui, mais ma hanche me fait encore mal… Moi qui devais absolument planter mes haricots ! Je ne vais pas pouvoir me baisser… Léo, tu peux le faire pour moi ?

— Ooooh, ça peut pas attendre demain ?

— Regarde, répond-elle en montrant le mur en face de son lit, le calendrier lunaire dit que c'est aujourd'hui le meilleur moment. Les graines sont sur la table du salon, un sachet marron. Il y a des indications et la planche est déjà prête dans le jardin. Je vais tout t'expliquer, tu vas voir, c'est facile et ça ne te prendra pas beaucoup de temps.

Léo rechigne, mais sa grand-mère montre une grimace de douleur qui finit de le convaincre.

— OK, répond-il en soufflant.

Il va dans le salon pour prendre le sachet de graines. Il lit les instructions soigneusement.

Haricots nains d'Espagne. *Espacer les graines de 15 centimètres et les rangs de 20 centimètres, planter à deux centimètres dans le sol sans tasser. Arroser copieusement.*

— Mamie !

— Oui, mon garçon.

— C'est des haricots nains ? Ça veut dire quoi ?

— Ah, c'est que la plante ne va pas trop haut. Mais ce sont des haricots normaux.

Il hoche la tête et enfile ses chaussures. Il lui faut prendre tout son courage pour pénétrer dans le jardin. Il a fait humide cette nuit et il y a encore plus d'insectes que d'habitude qui viennent s'agglutiner autour de lui. Il agite ses bras dans tous les sens pour les faire fuir et il fait tomber le sachet. Toutes les graines se déversent par terre.

— Merde !

Il doit se baisser pour les ramasser, il y a encore plus d'insectes au niveau du sol. En grommelant, il remet les graines dans le sachet et se dépêche de rejoindre l'arrière du jardin, là où il y a la planche préparée. Il a déjà vu sa grand-mère faire. Il prend la corde attachée aux deux bouts dont il a oublié le nom et il la tend pour faire une ligne sur la planche. Avec la règle, il plante une graine tous les 15 centimètres. Il fait 4 lignes comme ça.

Quand il termine, il se rend compte que ce n'était pas si désagréable. Bien au contraire. Un sourire se dessine sur son visage. Il va ensuite chercher de l'eau au puits. Il tire sur la corde et remplit un arrosoir qu'il déverse sur la planche.

Quand il a fini, il se sent satisfait. Il retourne voir sa grand-mère.

— J'ai fini !

— Très bon mon garçon. J'imagine que ça a été dur pour toi.

— Ça va. J'ai connu pire.

Elle rigole.

— Il y a d'autres choses à faire, mais je ne vais pas t'embêter plus, je les ferai demain.

En disant cela, elle se retourne, elle n'arrive pas à

dissimuler un sourire. Léo répond :

— Tu peux me dire, je peux faire autre chose.

— C'est vrai ?

— Oui.

Et c'est ainsi que Léo retourne au jardin avec une liste de tâches à faire. Il y passe la matinée et il récolte des tomates et des concombres dans la serre pour faire une salade pour sa grand-mère. Il refuse d'y goûter, même s'il doit avouer que ça lui donne un peu envie. Il se contente de riz et de jambon.

— Alors, au final, c'est pas si terrible que ça le jardin, non ?

Léo hausse les épaules et tout en mâchant un bout de pain, il répond :

— Y' a pire.

— Ça c'est sûr ! En tout cas, je suis fière de toi, merci de m'avoir aidée.

Léo se sent gonflé d'orgueil et ça lui fait du bien de se sentir utile à quelque chose. L'après-midi se passe tranquillement, Léo lit un livre à voix haute pour sa grand-mère qui s'endort en plein milieu de l'histoire. Ensuite, il retourne dans le jardin. Il fait chaud, il y a moins d'insectes, juste quelques libellules qui tournent autour du puits et des bourdons sur les fleurs de lavande. Il s'approche. Sa grand-mère a toujours dit qu'on pouvait caresser les bourdons, mais il n'a jamais essayé. Il s'approche et s'agenouille à côté du plant de lavande. Il a un peu peur, mais la curiosité est plus forte. Un gros bourdon est à quelques centimètres de son visage. Doucement il approche son doigt et le touche. Le bourdon ne s'envole pas. Il recommence et le caresse tout doucement. Le bourdon frétille mais ne bronche pas. On dirait qu'il aime ça.

Derrière la vitre de la chambre de Léo, la grand-mère le regarde avec un grand sourire sur le visage. Elle a gagné.

Quand il retourne dans la maison, Léo est surpris de ne pas voir sa grand-mère.

— Mamie ?

Elle ne répond pas et Léo a tout de suite peur.

— Mamie ? Tu es où ?

Il regarde aux toilettes, dans sa chambre, dans la cuisine. Sa mamie a disparu ! Soudainement, la porte d'entrée s'ouvre et sa mamie rentre, pieds nus, avec un sac de courses au bras.

— J'avais oublié que c'était jour de marché aujourd'hui ! Je ne pouvais pas manquer ça, regarde ce bon pain !

Léo la regarde, éberlué. Et d'un coup, il comprend.

— Tu n'étais pas malade ?

— Bien sûr que non.

— Mais je t'ai trouvée par terre.

— Tu sais que j'aime bien jouer la comédie.

— Mais…

La colère submerge un instant le corps de Léo, mais elle retombe très vite. Il aurait dû se rappeler que sa grand-mère adore faire ce genre de blague. Elle lui a souvent raconté des histoires comme ça.

— Fallait bien que je trouve un moyen de te faire aller au jardin. T'avoueras que c'est pas si mal.

Léo remonte dans sa chambre et s'y enferme. Ce n'est pas la colère qui l'habite, mais la honte. Il ne veut pas être vu. Quand il redescend pour manger, sa grand-mère parle d'autres choses. Elle n'aborde pas le sujet.

Le lendemain matin, pendant le petit-déjeuner, elle lui dit :

— Je vais refaire des petites courses aujourd'hui, j'ai besoin de riz et de sel. Tu ne veux pas venir j'imagine ?

Léo secoue la tête et se ressert de céréales.

Quand sa mamie sort de la maison, il fait la vaisselle et se dirige dans le jardin. Il arrose les haricots en espérant qu'ils vont sortir bientôt. Il va caresser les bourdons qui sont déjà très actifs de bon matin. Au moment de partir, il aperçoit quelques herbes indésirables autour des carottes et il s'agenouille pour en enlever quelques-unes.

Quand sa mamie rentre des courses, elle le trouve dans le jardin, toujours accroupi à côté des carottes, en train d'observer une fourmilière qui s'est installée sous une pierre.

Une semaine plus tard, les haricots germent et Léo peut les voir s'ouvrir et grimper vers le ciel. Il n'a jamais rien vu d'aussi beau. Désormais, il va tous les matins au jardin avec sa grand-mère, ils désherbent un peu, coupent les feuilles de tomates malades et enlèvent les gourmands. Léo récolte les petits fruits et les légumes et, avant de partir, il n'oublie jamais d'aller caresser quelques bourdons.

# ET TOI ?

Quand tu es dans un endroit sans technologie (ni portable, ni ordinateur, ni tablette, ni jeu vidéo) t'ennuies-tu ou arrives-tu à t'occuper ?

………..……………………………………………………………

……………………………………………………………………

……………………………………………………………………

……………………………………………………………………

……………………………………………………………………

À la place de Léo, aurais-tu aimé jardiner et cultiver des légumes ?

………..……………………………………………………………

……………………………………………………………………

……………………………………………………………………

……………………………………………………………………

……………………………………………………………………

# MILAN

Bourbon-Lancy est une petite ville insignifiante située dans le centre de la France, à la frontière entre l'Allier et la Saône-et-Loire. Un peu plus de 3000 habitants, quelques commerces, des thermes, un casino, un lac, une grosse entreprise de fabrication de moteurs et un collège d'environ 400 élèves. Rien de bien particulier, mais si nous parlons de Bourbon-Lancy aujourd'hui, c'est qu'il va s'y passer quelque chose d'extraordinaire.

Tout commence le mardi 21 juin alors que les préparatifs de la fête de la musique battent leur plein.

Dans ce collège, dans la classe de sixième C, il y a un garçon qui s'appelle Milan. Ses parents n'ont pas choisi ce nom parce qu'ils adorent l'Italie ou la ville de Milan, mais parce que le jour de la naissance de leur fils, alors que le père conduisait la maman à l'hôpital, il a vu dans le ciel une horde de milans, des cousins de l'aigle, qui volaient au-dessus des champs fraîchement labourés.

Milan aime bien son nom, mais il aurait quand même préféré quelque chose de plus classique, comme Thomas ou Damien, un nom qui soit moins moqué dans les cours de récréation.

Milan est en effet assez introverti comme personne, pas du genre à se mettre en avant ou à faire trop de bruit, il n'a pas la fierté des rapaces qui surplombent le monde. En revanche, Milan partage avec les rapaces cette peur de l'humain et il préfère les grands espaces sauvages aux rues bondées des centres-villes. La psychologue, qu'il a été obligé de voir suite aux recommandations de sa principale, dit qu'il souffre sans doute d'ochlophobie, la peur de la foule. Il se sent oppressé dès qu'il y a trop de monde et il n'aime ni être touché, ni être vu… chose qui est difficile quand on est au collège !

Milan aime être seul et il développe des talents particuliers dans sa solitude. L'un d'eux est la musique et plus particulièrement le violon. Il en fait depuis tout petit, ses parents lui ont acheté un violon et offert des cours particuliers. Milan adore jouer du violon, mais bien entendu, il n'aime pas se montrer en spectacle devant d'autres personnes. Une fois, il a joué un morceau devant la classe. Il était si stressé qu'il ne pouvait pas s'empêcher de trembler. Des garçons du fond de la classe s'étaient moqués de lui. Depuis, il préfère jouer dans la forêt juste derrière chez lui, les arbres sont le meilleur public du monde, toujours attentifs et respectueux.

La fête de la musique pourrait être une magnifique opportunité pour Milan de montrer ses talents au monde. Mais l'idée même de se balader dans des rues bondées l'angoisse terriblement. Il est donc inimaginable pour lui de jouer du violon au milieu de la foule. Il y a toujours trop de monde à la fête de la musique.

Ainsi, alors que tous ses camarades défilent dans les rues avec leurs parents en regardant les petits concerts improvisés ici et là, Milan décide de s'éloigner des tumultes des festivités. Il prend son violon et se dirige dans la forêt. Il est déjà un peu tard, mais le soleil n'est pas encore couché. Milan adore cette période de l'année où les nuits sont si courtes.

Ses parents sont allés en ville avec son petit frère. Ils ont proposé à Milan de venir, mais sans trop insister. Ils connaissent son aversion pour les foules. Sa maman lui a juste demandé de ne pas rentrer trop tard et de faire bien attention. Sa maman est tout le contraire de lui, elle n'aime pas la nature et encore moins les forêts. Elle a toujours l'impression que des bêtes étranges se cachent derrière chaque fourrée. Elle préfère la ville et adore les endroits où il y a du monde.

Milan prend son violon et longe le chemin derrière la maison pour rejoindre la forêt. Il marche une bonne dizaine de minutes pour aller se perdre au milieu de la végétation, dans un endroit où on n'entend plus le bruit de la ville, ni même celui de la nationale qui passe à côté. L'horizon commence à rougeoyer, la forêt est silencieuse. Il sort le violon de son étui et commence à jouer.

D'un coup, alors que Milan est plongé dans un morceau de Pachelbel qu'il apprécie particulièrement, un grand jet de lumière vient fendre le ciel et une explosion retentit à quelques mètres de lui.

Milan reste paralysé pendant quelques minutes. Qu'est-ce qui s'est passé ? Il ne comprend pas. C'est venu du ciel, ça c'est sûr. Il regarde devant lui. En contrebas, il y a quelque chose de lumineux qui émane de la vallée. Il s'approche précautionneusement. Il pense à une comète qui se serait écrasé juste là, mais la lumière lui amène tout de suite d'autres idées. Et si c'était un vaisseau extra-terrestre ? « Non, ça peut pas être ça, je suis idiot, ça n'existe que dans les films » se dit Milan.

Il contourne une grosse pierre et arrive sur le lieu de l'impact. Il remarque un cratère et des branches d'arbre autour qui ont brûlé. « C'est fou, pense Milan, une météorite est tombée du ciel ».

Milan est tout excité et se penche au-dessus du cratère. Tout au fond, une lumière de couleur turquoise émane d'une boule. Elle émet aussi un son, une note que Milan n'a jamais entendue. Son oreille est toute chamboulée, c'est une note nouvelle, quelque chose qui ressemble vaguement à un « la », mais sur une autre fréquence, quelque chose que son oreille peine à retrouver.

Milan n'éprouve aucune peur tant il est intrigué par cette note de musique. Il ne se dit même pas que ça pourrait être une bombe ou une arme extraterrestre. Il prend instinctivement son violon et essaye de la retrouver sur son violon, mais il n'y parvient pas. Elle n'existe sur aucune corde de son violon.

Il est trop curieux pour abandonner. Il change la fréquence de son violon et essaye de jouer un « la » un peu modifié, et c'est alors que la boule lumineuse s'élève dans les airs à sa hauteur, tourbillonne sur elle-même et vient se loger dans son violon. De peur, Milan lâche le violon et trébuche par terre.

Quand il se relève, le violon est à ses pieds. La boule lumineuse a disparu. Ne restent que le cratère et le silence qui s'est soudainement emparé de la forêt.

Milan ramasse le violon et court vers sa maison. Ses parents ne sont toujours pas rentrés. Il ne sait pas ce qui s'est passé. Il se sent plutôt bien, même s'il a peur d'avoir été contaminé par des extra-terrestres. Des images du film Alien lui viennent en tête. Peut-être a-t-il un alien dans son ventre qui va le tuer ! Il doit trouver ses parents au plus vite. Il sort de chez lui et se dirige vers le centre-ville de Bourbon-Lancy. Il y a du monde dans les rues et Milan commence à sentir l'angoisse l'envahir. Arrivé au rond-point à l'entrée du centre-ville, il se fige car la rue est pleine de monde. Pour passer, il faut se frotter à d'autres personnes et jouer des coudes… Il n'y arrivera jamais !

Il respire longuement puis, prenant son courage à deux mains, décide de plonger dans la foule pour trouver ses parents. Il se faufile parmi les gens, tête baissée, essayant de ne pas faire attention aux personnes, à leurs odeurs, à leurs corps qui sont si proches. En même temps, il doit lever la tête de temps en temps pour chercher ses parents. Où sont-ils ?

Il déambule comme ça une bonne dizaine de minutes. Il sent qu'il ne va plus tenir longtemps comme ça, quand il entend soudainement une voix familière. C'est son petit frère qui crie. Il suit la voix et trouve sa famille juste devant un concert organisé par l'école de musique. Il y a des camarades à lui qui jouent une pièce de Mozart.

— Maman !

— Milan ? qu'est-ce que tu fais là ? Il s'est passé quelque chose ?

— Je… il m'est arrivé un truc.

— Oh mon dieu, Marc, viens vite. Qu'est-ce que tu as, tu es blessé ? Tu as…

— Non maman, je… j'ai vu une météorite… elle s'est écrasée dans le bois et il y avait une boule verte et elle est venue sur moi, et je crois qu'elle m'a… je sais pas trop, contaminé… ou maman, j'ai peur, je crois que j'ai un alien dans le corps.

— Quoi ? Mais qu'est-ce que tu racontes ?

— Qu'est-ce qui se passe ? demande son père en arrivant.

— Je sais pas, je crois qu'il perd la boule.

— Mais non, maman, je te jure, c'est arrivé et…

— Hé Milan, l'interrompt son petit frère, pourquoi il brille ton violon ?

Milan baisse la tête et voit qu'en effet, son violon est devenu tout vert, il est éclairé de l'intérieur de la même lumière qu'il a vue dans la forêt.

Le groupe est en train de jouer une sonate de Mozart. Milan n'écoute plus sa mère qui lui demande de répéter ce qu'il a dit. Il y a comme une force mystérieuse qui s'est emparé de lui et qui lui demande de jouer. Ses parents ne comprennent pas ce qui se passe. Il ne les écoute pas et, d'un pas machinal, Milan s'avance vers les musiciens, se poste juste devant et commence à jouer.

La note mystérieuse retentit soudainement, suivi d'autres notes nouvelles, l'orchestre s'arrête de jouer et tous écoutent le violon qui retentit dans les airs. La foule qui s'était amassée autour cesse soudainement de faire du bruit, plus personne ne discute. Les personnes qui ne faisaient que passer s'arrêtent. Milan joue comme il n'a jamais joué auparavant et les sons qui sortent de son violon semblent venir d'une autre planète. Les membres de l'orchestre essayent de suivre, mais tout sonne faux, jusqu'à ce qu'un clarinettiste trouve une note étrange qui se rapproche de ce qu'ils entendent. D'un coup, la lumière sort du violon et rentre dans la clarinette qui peut cette fois jouer sur la même fréquence. Le joueur de clarinette fait un signe aux autres en leur donnant la note, une note qui ressemble à un Am7 sus4 et la lumière verte se transmet d'instrument en instrument et l'orchestre peut désormais jouer sur la même fréquence.

Toute la rue est devenue silencieuse désormais, la musique s'élève et tous les autres groupes se sont tus.

Milan est ailleurs, il joue les yeux fermés, il joue comme il n'a jamais joué, ses parents ne comprennent pas ce qu'il se passe. Lui qui était d'ordinaire si réservé, le voilà sous les feux de la rampe, avec une foule immense agglutinée autour de lui.

La mélodie change, de la sonate. Milan dévie vers un rythme plus populaire. L'orchestre le suit, puis d'autres musiciens se joignent à eux. Leurs instruments se font envahir par la lumière turquoise. Les sourires se dessinent sur les visages, la joie éclate et les gens commencent à danser ensemble.

Milan joue une bonne heure comme ça, sous l'œil ahuri de ses parents, sa professeure de musique, ses camarades de classe qui ne comprennent pas ce qui se passe et qui ne peuvent pas s'empêcher de danser et de rire. Toute la rue est animée par une joie nouvelle et contagieuse.

Puis, d'un coup, Milan arrête de jouer. Et tout s'arrête. La musique cesse, le silence s'installe et soudainement, tout le monde se met à crier de joie, à s'embrasser, à se dire merci. La mère de Milan s'approche de lui :

— Mais qu'est-ce qui s'est passé Milan ?

— Je vais te raconter à la maison.

L'histoire fait vite le tour du pays. Tous les musiciens présents ce soir-là ont de nouveaux instruments avec des tonalités dont ils ne soupçonnaient pas l'existence. Et dès qu'ils entrent en vibration avec un autre instrument, la lumière mystérieuse s'échappe et rejoint l'autre instrument qui change aussi de fréquence.

La famille de Milan reçoit beaucoup de visiteurs. Le bois derrière chez lui a été condamné et des scientifiques étudient le moindre bout de terre à côté du cratère. Ils essayent aussi d'analyser la lumière, mais elle ne se laisse pas capturer. Ils doivent se contenter d'enregistrer la musique pour comprendre ce qui se passe. C'est une fréquence nouvelle et aucune machine n'arrive à la reproduire. Une note qui a quelque chose de magique, quelque chose venu d'une autre planète.

Petit à petit, les instruments se contaminent les uns les autres et le monde entier change de fréquence. Partout où la lumière turquoise passe, la musique change et les gens sont plus joyeux, plus ouverts, ils ont envie de danser avec des inconnus, les guerres cessent, les conflits diminuent, dès qu'une tension, apparaît, il suffit que quelqu'un joue d'un instrument et tout s'apaise.

Personne n'est capable d'expliquer ce qui se passe. Qui a envoyé cette mystérieuse boule turquoise ? Et qu'est-ce qui se passe réellement quand on écoute cette nouvelle musique ?

Les scientifiques se tirent les cheveux en essayant de comprendre.

Milan, lui, s'en moque. Il peut jouer du violon tout le temps désormais, il n'a plus peur de la foule. Il est guéri… et il semble qu'il ne soit pas le seul.

# ET TOI ?

As-tu, comme Milan, des talents que tu n'oses pas montrer au monde ?

……....………………………………………………………

…………………………………………………………………

…………………………………………………………………

…………………………………………………………………

…………………………………………………………………

Que pourrait-on faire, selon toi, pour qu'il y ait moins de tensions ou de conflits dans le monde ?

……....………………………………………………………

…………………………………………………………………

…………………………………………………………………

…………………………………………………………………

…………………………………………………………………

# MOMO

Il s'appelle Mohammed, mais tout le monde l'appelle Momo. Le petit Momo du premier étage de l'immeuble de la rue Marx, dans le quartier des trois chênes. Petit, il aimait bien qu'on l'appelle Momo. C'est mignon comme surnom. Il a grandi seul avec sa mère. Son père est parti très tôt, si bien qu'il ne s'en souvient pas. Ses tantes disent que c'est une bonne chose, que ce n'était pas un homme bien et qu'il s'en sortira mieux sans lui. Momo aimerait être d'accord avec elle, mais son père lui a toujours manqué. Il entend souvent les autres enfants du quartier parler de leurs pères qui sont toujours les plus forts, les plus beaux, les plus riches ou les plus cool. Momo se fait tout petit dans un coin. De son père, il n'a qu'une photo et il ne sait ni où il est, ni ce qu'il fait. Il pourrait raconter des histoires, dire que c'est un marin parti explorer les mers ou un acteur de cinéma toujours en tournage. Mais tout le monde a connu son père au quartier et personne ne le croirait. Les commères disent qu'il est sans doute en prison quelque part et que Momo ne devrait pas l'attendre.

Momo ne passe pas beaucoup de temps avec les autres enfants du quartier. Pourtant, tout le monde aime bien Momo. Il est aimable, gentil, il rend toujours service et ne casse jamais rien. Les autres enfants l'aiment bien, mais Momo s'ennuie avec eux. Il n'est pas intéressé par leurs jeux, il ne supporte pas le football, il n'aime pas se battre et encore moins essayer de voler des trucs dans les caves. Il n'apprécie pas non plus leurs discussions qui tournent toujours autour des mêmes sujets. Les filles, le foot, les rappeurs et les papas.

L'arrivée au collège est une délivrance pour Momo qui peut rencontrer d'autres personnes. La première année est difficile. Momo n'est pas très grand, et avec ses cheveux frisés et crépus, sa paire de lunettes et son corps tout frêle, il est particulièrement moqué par les cinquièmes et les quatrièmes. Il passe de longs mois solitaires à fuir les récréations et éviter le contact avec les autres garçons. Il se fait toutefois plusieurs amies, toutes des filles, ce qui lui vaut très vite le surnom de « pédé » parmi les garçons de la cour de récréation. Ses amies lui disent de ne pas faire attention, qu'ils sont juste jaloux. Pour les faire taire, Tania, sa meilleure amie et l'une des filles les plus populaires du collège, l'a même embrassé à la fin de l'année, devant tout le monde.

En cinquième, Momo s'en sort un peu mieux. Grâce au baiser de Tania, on ne l'insulte plus dans les couloirs. Les plus grands se désintéressent de lui et jettent leur dévolu sur les nouvelles arrivées. Ses amies l'appellent Mo, ce qui lui convient beaucoup plus. Momo, ça fait trop gamin. Il grandit, mais ne s'épaissit pas beaucoup. Le soir, dans la salle de bain, alors que ses sœurs braillent dans la maison, il se regarde dans le miroir et se trouve trop maigre. Ses côtes apparentes, ses bras tous frêles et son cou d'autruche le font affreusement complexer. Il essaye de compenser en mettant des habits larges qui couvrent toutes les parties de son corps, mais en été, c'est inévitable, il doit assumer son corps.

Aujourd'hui, Mo a 13 ans et il rentre en quatrième. Il va dans une toute nouvelle classe qui s'appelle la 4e D, « D » pour « découverte », une classe spéciale avec des voyages et plus d'heures de biologie et de géographie. Mo adore la biologie.

Au quartier, les autres jeunes veulent tous être rappeurs, footballeurs ou dealers, les trois manières les plus rapides pour devenir riche et s'acheter une grosse bagnole. Mo, lui, veut être écologiste et prendre soin de l'environnement. Il se garde bien d'en parler avec eux. Ils ne feraient que se moquer.

Il est donc très heureux d'entrer dans une nouvelle classe ou d'autres jeunes sont intéressés par les mêmes choses que lui. Seul bémol, Tania ne sera pas là. Il n'a aucune amie dans la classe.

Pour le premier cours, il s'assoit devant, mais au deuxième rang, pour ne pas faire trop intello. Un autre garçon vient s'asseoir à côté de lui.

— Salut, je peux m'asseoir là ?

— Oui, répond Mo en cachant difficilement sa surprise.

Il connaît très bien ce garçon de réputation, c'est l'un des garçons les plus populaires du collège. Tania en pince grave pour lui. Quand elle apprendra qu'il s'est assis juste à côté de lui !

— Je m'appelle Jean, et toi ?

— Mo.

— Mo ? Comme… Maurice ?

— Non ! Mohammed.

— Ah oui. Cool. Enchanté.

Mo acquiesce. La professeure principale entre à ce moment-là et demande le silence. Pendant les explications, Mo regarde furtivement Jean. C'est un personnage assez excentrique, il porte toujours des habits très colorés et il s'est teint les cheveux partiellement en blanc. Il déclame des poèmes à toute heure dans la cour de récréation et la rumeur court qu'il est bisexuel.

Aimer les hommes n'est pas très bien vu au collège, Mo en a fait l'expérience sans même être gay. Mais la bisexualité est bien vue, surtout chez les filles qui y voient quelque chose de très excitant. Mo n'a pas compris pourquoi. Lui-même ne s'intéresse pas beaucoup à tout ça. Il n'a pas eu d'autres expériences que le baiser de Tania qui lui a laissé une sensation étrange. Il ne peut pas dire qu'il a aimé… sans dire non plus que c'est désagréable. Il n'est jamais tombé amoureux ou alors il ne le sait pas.

À la fin de la présentation de la principale, alors que les élèves commencent à se lever, Jean demande :

— Tu veux être mon binôme de découverte ?

— Hein ? se surprend Mo, comment ça ?

— Ben t'as entendu, faut choisir un binôme pour l'année. Tu veux ?

Mo ne sait pas quoi répondre. Jean a planté ses yeux dans les siens et il se sent tout chose d'un coup. C'est la première fois qu'un garçon veut faire quelque chose avec lui depuis qu'il est entré au collège.

— OK, lâche-t-il timidement.

— Cool, à plus !

Pendant les premières semaines, Mo prend ses marques dans la classe. Il voit régulièrement Jean et leur amitié va grandissante. Tania est super jalouse et s'arrange pour passer encore plus de temps avec Mo, mais Jean semble ne pas être intéressé par elle. Un jour, alors qu'ils sont tous les deux en train de travailler sur une expérience avec l'eau en cours de biologie, Jean explique pourquoi :

— Elle est très belle, c'est sûr, mais j'aime pas le fait qu'elle soit aussi… comment dire… il y a un côté faux chez elle, comme si elle faisait semblant d'être ce qu'elle est. Tu vois ce que je veux dire ?

— Oui, mais je la connais bien, c'est vraiment une chouette fille.

— J'en doute pas, mais je préfère les personnes plus introverties, plus sensibles, comme toi.

Les mains de Mo se figent.

— Comme moi ?

— Ouais, j'adore, tu ramènes pas tout le temps ta fraise, tu écoutes, tu ne parles pas pour rien dire. Je trouve ça trop bien.

Les joues de Mo rougissent. Il n'est pas habitué aux compliments et encore moins de manière aussi frontale. Il se replonge dans l'expérience sans répondre. Jean sourit.

— Ça te met mal à l'aise ce que je dis.

— Non, pas du tout.

Jean éclate de rire, tous les regards se tournent vers eux et la professeure déclame :

— Restons sérieux s'il vous plaît !

Jean reprend à voix basse.

— C'est sincère ce que je dis. Tu es une personne géniale. Mais ne t'inquiète pas Mo, je te drague pas, hein ?

Il lui donne un coup d'épaule amical et reprend l'exercice avec lui. Avec une lumière stroboscope, il faut observer le parcours de l'eau dans les tuyaux et noter ses réflexions.

Mo est tout perturbé. Ce n'est pas tant par rapport à ce que lui a dit Jean, mais plus par ses propres réactions. Il a senti son ventre se nouer et il a ressenti une sensation de chaleur dans tout son corps. Pire, pendant les jours qui ont suivi la classe de biologie, Mo n'a pas cessé de penser à Jean, à son visage, sa bouche, sa voix, ses mots.

Il en parle à Tania le week-end alors qu'ils sont tous les deux dans sa chambre en train d'écouter de la musique.

— Tu es amoureux quoi.

— Amoureux ? Mais tu déconnes, c'est un garçon.

Tania se redresse et regarde Mo dans les yeux.

— J'espère que tu déconnes, là.

— Ben quoi ?

— Tu sais que tu es gay, non ?

— Moi, mais non, mais…

— Arrête de mentir, tu le sais, non. Tout le monde le sait.

Mo se fige, il ne s'était sincèrement jamais considéré comme gay. Il ne peut pas être gay. C'est péché, tout le monde le dit dans le quartier. Et si sa mère venait à le découvrir, elle en ferait une crise cardiaque.

— Mais non, je peux pas être gay, c'est pas naturel, c'est…

— Fait pas ton archaïque là, c'est le 21e siècle !

— Mais ma mère…

— On s'en fout de ta mère et de tous les gens du quartier, ils z'ont rien compris de toute façon. Tu es gay et tu es amoureux de Jean. Crois-moi je te comprends. Il est canon !

Après cette discussion, la perception de Mo change. Il a l'impression de tout voir différemment. Il comprend soudainement pourquoi le sexe ne l'intéresse pas. C'est tout simplement parce qu'il n'est pas attiré par les filles.

L'homosexualité est de plus en plus acceptée dans la société, le professeur d'éducation civique en a parlé et il y a des affiches dans le collège pour dire qu'il faut accepter tout le monde, quelles que soient ses origines, la couleur de sa peau, sa religion et son orientation sexuelle. Jusqu'alors, Mo ne s'était pas senti concerné par ce dernier point.

Mais dans le quartier, c'était une autre histoire. L'homosexualité est encore taboue et il est hors de question qu'il en parle à qui que ce soit.

Le prochain cours de biologie est un supplice pour Mo qui doit rester deux heures avec Jean. Ce dernier est toujours aussi sympathique, mais il le voit différemment cette fois-ci. Il regarde son visage, le lobe de son oreille gauche qu'il trouve trop craquant, l'arrière de son cou qui lui donne envie de le toucher, ses grandes mains vigoureuses. Mo doit se faire à l'idée. Il ressent quelque chose pour un homme.

À la récréation, Tania n'y va pas par quatre chemins.

— C'est simple, faut que tu lui dises. Il est bi, il est peut-être intéressé.

— J'oserais jamais.

— Moi, je serais toi, j'hésiterais pas. Il est cool Jean, il va bien répondre.

Moi prend plusieurs jours avant de se décider. Il choisit finalement d'amener la conversation autrement. Au prochain cours de biologie, alors qu'ils regardent une vidéo sur les chimpanzés, Mo demande !

— Je peux te poser une question ?

— Bien sûr Mo !

— C'est vrai que tu es bisexuel ?

Jean se retient de rire et s'approche de Mo. Son souffle atteint son cou et le fait frissonner.

— J'aime tout le monde. Je fais pas de distinction.

Mo déglutit. Il ne sait pas quoi dire ensuite. C'est Jean qui relance la discussion.

— Toi tu es gay, non ?

Mo ne répond pas et regarde droit devant lui, sur l'écran du projecteur. Il est paralysé.

— Faut pas en avoir honte, tu sais, en 2022, on peut être gay.

— Tu connais pas mon quartier.

— Non, c'est vrai. J'adorerais d'ailleurs !

Mo se retourne avec stupéfaction.

— Tu m'invites quand ?

Mo est tiraillé par l'envie de l'inviter pour passer plus de temps avec lui et la perspective de l'amener dans son quartier et de le présenter à sa mère. Tout le monde va les voir et ça va jaser, c'est sûr. Il pourrait y aller avec Tania, mais elle va l'accaparer tout entier et il a envie d'être seul avec lui, en dehors d'une salle de classe ou de la récréation.

Finalement, l'envie est trop forte et il se décide à l'inviter. Tant pis, il dira juste que c'est un copain. Les garçons invitent toujours leurs copains chez eux, c'est normal. Il prétextera des devoirs ou un truc du genre.

Il l'invite vendredi, après les cours. Jean est enchanté et accompagne Mo dans son quartier. Les jeunes du quartier sont déjà là et quand ils les voient arriver, ils ne peuvent s'empêcher de se moquer.

— Woua, téma toutes les couleurs. Qu'est-ce qui te prend ?

— C'est bon les gars, répond Mo, commencez pas, c'est un ami.

— Un ami coloré.

— Il se prend pour qui ? Quelqu'un du bled ?

Mo n'avait pas anticipé les remarques sur le look si particulier de Jean. Il portait un sarouel multicolore et un tee-shirt tout aussi bariolé. Il se sent honteux, mais Jean réagit parfaitement.

— Salut, j'aime juste toutes les couleurs et j'aime les porter.

Sa remarque les fait sourire et ils ne disent rien de plus.

Sa mère accueille Jean avec enthousiasme. À part Tania, Mo n'invite jamais personne à la maison et ça la soulage de voir une nouvelle tête. Elle adore le style de Jean, mais elle fait la gaffe en utilisant le mot « costume » !

Ses deux sœurs sont là également et scrutent Jean de haut en bas. Mo est soudainement embarrassé et entraîne Jean au plus vite dans sa chambre.

Il met un disque de rock alternatif, Beirut, qu'ils adorent tous les deux. Jean s'assoit sur le lit en regardant tout autour de lui.

— Elle est trop cool ta chambre, j'adore comment tu l'as décorée.

Ils discutent pendant une bonne heure. Puis Jean doit y aller. Il ne veut pas rentrer dans la nuit. Mo ne sait pas comment lui dire au revoir et c'est Jean qui le prend dans ses bras, laissant Mo dans une évidente confusion.

— A lundi !

Mo écoute Jean dire au revoir à sa famille. Il n'ose pas aller dans la cuisine. Il a peur des remarques de sa mère et de ses sœurs.

À table, pourtant, l'ambiance est légère. Vers la fin du repas, sa grande sœur demande quand même :

— C'est qui ce beau jeune homme alors ?

— Jean, répond Mo sans lever la tête.

Il ne veut surtout pas trahir ses sentiments en prononçant son nom.

— Il est vraiment mignon, reprend sa petite sœur.

Mo garde la tête baissée.

— Et charmant, ajoute sa mère.

Toutes les trois ont les yeux braqués sur Mo qui ne sait plus où se mettre. Ses joues sont toutes chaudes.

— Tu vas le revoir, demande à nouveau sa grande sœur ?

Mo pose sa fourchette. Il a envie de disparaître.

— Laissons-le, dit sa mère. Mo a toujours été un grand timide. En tout cas, ce Jean a l'air d'un bon garçon.

Mo souffle, il finit son assiette, débarrasse et se précipite dans sa chambre.

On toque à sa porte. C'est sa grande sœur, elle ouvre sans attendre de réponse. Mo a la tête enfouie sous un oreiller.

— Tu sais Momo, on n’en parle jamais, mais on sait que tu es gay.

Mo lève la tête de sous l’oreiller pour protester, mais il n’en a pas le temps.

— Maman est au courant, tout le monde le sait. Et c’est OK, on n’est même pas musulmans en plus. Enfin, bref, juste pour te dire qu’il faut pas te sentir mal pour ça. Il a l’air vraiment cool ce type. Allez, bonne nuit.

Mo ne répond rien, mais il ressent un grand soulagement. Il reçoit à ce moment-là un texto de Jean qui lui dit qu’il a passé un bon moment.

Il faut beaucoup de courage à Mo pour afficher ouvertement son homosexualité au collège et au quartier, mais il finit par y arriver. Jean est d’un grand soutien. Leur histoire ne dure pas, mais ils restent très bons amis.

# ET TOI ?

Est-il mal vu, dans ton école, que deux garçons tombent amoureux l'un l'autre ?

……...…………………………………………………

…………………………………………………………

…………………………………………………………

…………………………………………………………

Au début de l'histoire, certains élèves se moquent de Momo. Comment réagirais-tu si un de tes amis était moqué pour les mêmes raisons ?

……...…………………………………………………

…………………………………………………………

…………………………………………………………

…………………………………………………………

…………………………………………………………

…………………………………………………………

# NOAM ET CONSCIENCE

Il y a plus de 7 milliards d'êtres humains sur Terre. 7 milliards d'êtres humains qui, tous les jours, ont faim et ont besoin de manger. Pour les nourrir, il y a des milliards de graines, de légumes, d'animaux. Quand Noam y pense, il trouve ça vertigineux. Comment on fait pour nourrir 7 milliards d'êtres humains ?

Noam est un jeune garçon qui a eu 12 ans le mois dernier, en juin. Il est gémeau, blond avec des yeux marron, plutôt grand. Il a plein d'amis à l'école, des parents qui sont encore ensemble, chose assez rare de nos jours, et un petit frère qui a 5 ans de moins que lui et qui veut toujours le suivre partout. Noam aime les jeux vidéo, le rap et les vidéos qu'on trouve sur Youtube, il aime aussi le basketball et le patinage artistique. Mais ce qu'il aime par-dessus tout, c'est manger. C'est son activité favorite. Il aime presque tout, sauf quelques légumes comme les petits pois, la laitue frisée, le poivron et le panais. Tous les autres, il les dévore sans hésiter.

Le petit-déjeuner, le déjeuner, le goûter et le dîner sont les meilleurs moments de la journée et Noam les attend avec impatience. Le matin, il mange des céréales avec du lait, un jus d'orange et deux tartines de pain avec du beurre et de la confiture. Il a une préférence pour la myrtille et la fraise, mais il aime aussi la confiture d'abricot, d'orange, de groseilles ou de mûres. Le déjeuner à la cantine n'est jamais très bon, mais cela ne l'empêche pas de terminer les assiettes de ses voisins. Car Noam mange aussi en bonne quantité. Il n'est pas gros, loin de là, et son père se demande toujours où termine toute la nourriture qu'il ingurgite. La réponse lui parait évident : aux toilettes.

Au goûter, il est obligé de manger un fruit, généralement une banane ou une pomme et il enchaîne avec deux tartines de Nutella. Les repas du soir sont les meilleurs avec les repas de midi du samedi et du dimanche. En effet, sa maman est cuisinière dans un grand restaurant et elle ramène toujours des restes. C'est la meilleure cuisinière du monde. Le samedi, elle cuisine avec son papa et elle invite toujours Noam à les aider. Elle dit que quand on aime manger, il faut apprendre à aimer cuisiner. Noam aime bien cuisiner, mais il déteste couper les oignons qui font pleurer et laver la salade. Il apprécie en revanche faire revenir les oignons à la poêle, il prend un malin plaisir à les voir se faire frire. Il aime aussi cuire les viandes pour voir toute la graisse griller. Noam est particulièrement friand de bœuf, il adore le tournedos. Il aime aussi les magrets de canard, le poulet et la sole.

Noam et sa famille vivent dans un petit village à 10 kilomètres d'une grande ville. Tous les matins et tous les soirs de la semaine, Noam prend le bus au bout du village pour rejoindre le collège.

Ce jour-là, nous sommes en mai, il fait déjà très chaud. Noam revient du collège. Il a mis ses écouteurs et il regarde la campagne défiler devant lui. C'est une campagne vallonnée avec des pâturages pour les moutons et les vaches et quelques champs où poussent principalement du colza, du tournesol et du maïs. Noam adore la nourriture, mais il ne s'intéresse encore que très peu à comment tout cela est produit. Sa mère essaye de le sensibiliser. Aujourd'hui, justement, c'est mardi, jour où la maraîchère bio du village vend ses légumes. Comme à son habitude, elle l'attend à la descente du bus avec son petit frère pour qu'ils aillent tous les trois voir la maraîchère.

C'est toujours un moment excitant de voir les étals avec les fruits et légumes et de pouvoir choisir ce qu'on veut. Noam aime beaucoup le mardi soir, mais aujourd'hui, la maraîchère n'est pas là. Il y a un panneau à l'entrée de sa ferme :

**Production arrêtée à cause de la sécheresse / Désolée pour le désagrément.**

La mère de Noam est surprise.

— C'est étrange, elle ne m'a rien dit. Tout allait pourtant bien la semaine dernière. Allons voir.

La maman de Noam connaît bien la maraîchère, elles étaient à l'école ensemble quand elles étaient petites. Elle s'appelle Virginie, c'est une bonne vivante qui a les joues toutes roses et qui sourit en permanence.

Ils toquent à la porte et la maman de Noam crie : « Virginie ? »

Elle sort de derrière le garage.

— Ah, salut Maude.

— Salut Virginie, qu'est-ce qui se passe ?

— Oh, c'est trop dur, j'arrête.

— Tu arrêtes, mais pourquoi, tu t'en sortais bien, non ?

— Oui, mais regarde, il n'a pas plu depuis un mois et ils disent que ça va continuer. J'ai plus d'eau dans le puits. Il était sec ce matin.

— Non, mais comment c'est possible ?

— Les nappes phréatiques. Tout le monde pompe, faut bien que ça tarisse un jour.

Noam écoute attentivement. Il a eu un cours en géographie sur l'eau et il comprend un peu. Il sait que les nappes phréatiques sont comme des souterrains où est stockée l'eau. Le professeur avait expliqué qu'elles étaient très importantes, c'est de là que vient l'eau des puits.

— Qu'est-ce que tu vas faire ?

— Rien. Je peux pas acheter de l'eau pour arroser à chaque fois. J'en ai marre. C'était déjà dur l'année dernière, mais c'est encore pire cette année. J'imagine même pas l'année prochaine.

Noam intervient.

— Mais ça va peut-être être mieux l'année prochaine.

— Non Noam, lui répond la maraîchère, c'est la tendance. C'est prévu. Il va y avoir de moins en moins d'eau et ici, au milieu de tous ces champs de maïs, c'est juste pas possible. Ils prennent toute l'eau.

De retour à la maison, sa maman raconte tout à son papa. La discussion à table fait peur à Noam. Ils parlent d'effondrement de la société, de panique. Son papa dit qu'il faut déménager pour se rapprocher d'un lac ou d'une rivière. L'idée fait très peur à Noam qui n'a pas du tout envie de partir, même son petit frère n'aime pas l'idée et se met à pleurer à table. Sa maman le réconforte en jetant un regard noir sur le papa.

Après le repas, Noam se sent un peu mal. Son estomac est noué. Il entend le lave-vaisselle qui tourne dans la cuisine et le son du bain qui coule pour son petit frère dans la salle de bain. Il pense à toute l'eau qui coule et qui manque pour les légumes. D'un coup, il réalise qu'un jour, peut-être, ils ne pourront plus manger !

Il se rue dans la salle de bain et ferme les robinets.

Son père surgit de derrière la porte.

— Qu'est-ce que tu fais Noam ?

— Faut économiser l'eau, sinon on pourra plus manger !

Son père sourit.

— Je suis désolé de vous avoir fait peur tout à l'heure, mais ce n'est pas un bain qui va changer quelque chose.

— En même temps, intervient la mère, peut-être qu'on devrait juste prendre des douches.

— Tu ne vas pas t'y mettre Maude ! C'est de la culpabilisation ça, elle vous l'a dit Virginie, le problème c'est les champs de maïs, pas le bain qu'on prend le soir !

Noam n'est pas convaincu et il va s'enfermer dans sa chambre.

Le lendemain, en cours de géographie, Noam raconte ce qu'a dit la maraîchère. Ses amis se contentent de faire des blagues, le professeur les fait taire et explique que c'est un véritable problème aujourd'hui en France. Émilie, la première de la classe, lève la main.

— Mon père dit qu'il faut changer notre mode de vie

sinon on va tous mourir.

— L'intello a parlé, déconne Bastien, l'apocalypse arrive !

Tout le monde rigole, sauf Noam qui pour une fois est intéressé par ce qu'elle dit.

Le professeur crie « silence » et répond à Émilie en disant qu'il ne faut pas non plus être alarmiste mais que la situation est effectivement très grave.

À la récréation, Noam va voir Émilie.

— C'est vrai ce que tu dis ?

— Sur quoi ?

— Changer nos modes de vie.

— Bien sûr. Moi je suis devenue végétarienne. Je mange plus de viande !

— Pourquoi, qu'est-ce que ça change ?

— Tu ne sais pas ? s'étonne-t-elle, il faut 10 000 litres d'eau pour un kilo de bœuf contre 100 pour un kilo de patate. Tu imagines ?

Noam se fige. Il aime beaucoup les pommes de terre, mais il préfère de loin un bon steak.

— Si tu veux faire quelque chose pour ta maraîchère, arrête de manger de la viande.

Noam ne répond pas et Émilie le laisse, confus, au milieu de la cour de récréation.

Le soir, Noam va sur Internet et fait des recherches. Il espère trouver des informations qui contredisent Émilie, mais c'est tout l'inverse qui se produit. Les chiffres sont sans appel. Il comprend que le maïs qui pousse autour de chez eux et qui prend toute l'eau n'est pas le maïs qu'il mange dans ses salades, mais la nourriture pour les vaches.

Un autre article a pour titre : « la solution est dans l'assiette » et stipule que si tout le monde devenait végétarien aujourd'hui, la pollution diminuerait de moitié.

Noam n'en croit pas ses yeux. Juste à ce moment-là, sa mère dit : « à table ».

Il y a du tournedos et des petites pommes de terre sautées, l'un des plats préférés de Noam. Mais aujourd'hui, le tournedos lui fait un effet différent. Il pense aux milliers de litre d'eau qui ont été utilisés, aux champs de maïs autour du potager de la maraîchère qui n'a plus d'eau pour ses légumes.

Il lève les yeux et dit à sa mère :

— Maman, je peux pas manger.

— Mais pourquoi ? C'est ton plat préféré ?

Noam explique ce qu'il a vu. Son père s'énerve et dit que ce ne sont que des extrémistes. Sa mère tempère en ajoutant qu'il est vrai qu'il faudrait réduire leur consommation. Le débat se transforme en dispute et Noam emmène son petit frère dans sa chambre pour jouer.

Le lendemain, à la cantine, il y a de la langue de bœuf. Noam a l'habitude d'en manger plusieurs vu que personne n'aime ça, mais aujourd'hui encore, il regarde la langue différemment. Il adore la viande, comment pourrait-il s'en passer ? Et pour autant, il ne veut pas que la terre continue à s'assécher ! En regardant les autres élèves autour de lui qui parlent de choses et d'autres, il se dit que ce n'est pas une petite langue de bœuf qui fera une différence. Il la mange avec un plaisir non dissimulé. Mais à la sortie, il croise Émilie qui lui donne un prospectus de l'association végétarienne de France et son cœur se serre.

C'est vendredi, il termine plus les cours tôt. En général, il suit les amis pour aller dans le parc, mais aujourd'hui, il a envie d'être seul. Il marche un peu dans le centre-ville, perdu dans ses pensées.

Soudainement, il trébuche sur quelque chose et manque de s'écrouler par terre.

C'était le pied nu d'un homme au crâne rasé et une longue barbe qui touche le sol. Il est habillé d'un simple drap orange et devant lui, il y a une écuelle avec un panneau où est écrit :

*Un petit sourire pour sauver le monde.*

Noam ne comprend pas et reste un instant à fixer le panneau.

— Bonjour toi, tu as envie de sauver le monde ?

Noam fait un pas en arrière et balbutie :

— Euh… ben… oui.

— Alors faut sourire, pourquoi tu fais une tête pareille ? Tu as un problème ?

Noam n'a pas l'habitude de parler aux inconnus, mais étrangement, aujourd'hui, il en a envie. Il lui raconte tout, le discours de la maraîchère, les informations d'Émilie, ses recherches sur Internet, la dispute de ses parents, la langue de bœuf et le fait qu'il adore la viande.

L'inconnu écoute attentivement, se redresse et dit :

— Tu t'appelles comment ?

— Noam

— Enchanté Noam, moi c'est Conscience.

— Conscience ?

— Oui, c'est mon nom. Écoute bien, il est vrai que la viande pollue plus que les pommes de terre. Il est vrai aussi que ce n'est pas ce que tu manges toi qui va faire une différence dans le monde. Dans cette histoire, tout le monde a raison. La maraîchère, ta maman, ton papa, Émilie, même ton ami de l'école qui se moque d'elle.

Noam ne comprend pas et ça se voit sur son visage.

— Mais tout le monde ne peut pas avoir raison…

Conscience éclate de rire.

— Bien sûr que si ! Et heureusement d'ailleurs, si tout le monde n'était jamais d'accord, on serait tout le temps en train de se disputer… bon, c'est un peu le cas, mais bref, ce que je veux dire, c'est que ce n'est pas l'avis des autres qui compte, mais bien le tien. Ahah, tu as vu, ça marche aussi avec la vie. Ce n'est pas la vie des autres qui compte…

Conscience éclate de rire à nouveau et Noam se sent un peu gêné. Les passants les regardent.

— Bon, reprend Conscience, ce qu'il faut comprendre Noam, c'est que peu importe la situation extérieure, il faut toujours que tu suives ta voie. Et que tu le fasses en souriant. Il faut faire ce qui nous rend heureux. Si ça te rend heureux de ne pas manger de la viande, comme Émilie, alors super. Si au contraire ça te rend malheureux, alors ça ne va pas. La maraîchère a eu raison d'arrêter, elle était malheureuse.

— Mais… et l'eau ?

— Ah ben l'eau… qu'est-ce que tu veux. C'est le monde dans lequel on vit. C'est très bien de faire des efforts. Moi aussi je ne mange pas de viande, mais si tu veux vraiment que ça ait un impact, il faut le faire en souriant !

Dans le bus qui le ramène chez lui, Noam est perplexe. Il repense au discours de Conscience. Pendant le repas du soir, alors que sa mère a préparé des lasagnes végétariennes succulentes devant les yeux grognons de son père, Noam demande :

— Est-ce qu'on pourrait faire une fois sur deux ça ?

— De quoi mon chéri ?

— De manger de la viande qu'un jour sur deux ?

Elle sourit et répond :

— C'est une très bonne idée !

Son père grogne encore un peu, mais il dit :

— Bon, si c'est à chaque fois aussi bon que ces lasagnes, ça me va aussi.

Le soir, au moment de se coucher, Noam se sent tout léger.

## ET TOI ?

Si tu étais Président de la République, que ferais-tu pour sauver le monde ?

……………………………………………………………………

……………………………………………………………………

……………………………………………………………………

……………………………………………………………………

……………………………………………………………………

……………………………………………………………………

Quelle petite action pourrais-tu faire, avec joie, pour préserver notre belle planète ?

……………………………………………………………………

……………………………………………………………………

……………………………………………………………………

……………………………………………………………………

……………………………………………………………………

# DANS LA MEME COLLECTION

Un guide à destination des ados de 11 à 15 ans pour leur apprendre à cuisiner, gérer leur argent, se faire des amis...

10 histoires inspirantes pour aider votre fille à renforcer sa confiance et estime de soi.

Printed in France by Amazon
Brétigny-sur-Orge, FR

14911650R00080